한국어 배우기 시리즈 3

외국인을 위한

대학 전공 한국어 어휘 찾기 1

경영, 경제 / 무역 / 관광, 호텔, 부동산 / 금융, 회계, 세무

한국어 배우기 시리즈 3

외국인을 위한

대학 전공 한국어 어휘 찾기 1

이영숙 · 이소연 · 김천미 · 권미경 공저

동문사

일일 학습 체크하기

★ 오늘의 학습을 완료했으면 번호에 체크를 하세요.

할 일	
할 일	① 〈어떤 어휘가 있을까요?〉 학습하기
	② 〈문장 안에서 어떻게 쓰일까요?〉 학습하기
	③ 〈알맞은 어휘는 무엇일까요?〉 학습하기
	④ 〈다음 글을 읽어 볼까요?〉 학습하기
	⑤ 〈더 배워 볼까요?〉 학습하기

	1일차	2일차	3일차	4일차	5일차	6일차
1장	① ② ③	① ② ③	① ② ③	① ② ③	① ② ③ ④	⑤
2장	① ② ③	① ② ③	① ② ③	① ② ③	① ② ③ ④	⑤
3장	① ② ③	① ② ③	① ② ③	① ② ③	① ② ③ ④	⑤
4장	① ② ③	① ② ③	① ② ③	① ② ③	① ② ③ ④	⑤

머리말

최근 학문 목적으로 국내 대학과 대학원 입학을 희망하는 외국인의 수가 꾸준히 증가하고 있으며, 실제로 2022년 기준으로 17만 명 정도의 외국인이 전문대를 포함한 여러 고등교육기관(대학)에서 유학 중이다. 따라서 전공 어휘의 중요성이 점차 높아지고 있다.

그러나 주로 일반 목적의 한국어 연수를 담당하는 대학 부설 한국어 교육 기관에서는 전공 어휘를 집중적으로 다루지 않는 경우가 많아 입학을 준비하는 예비 유학생이나 재학 중인 외국인 학생들이 전공 학습의 어려움을 호소하는 경우가 많다. 또한 같은 어휘라도 전공에 따라 의미와 쓰임이 달라지므로 전공 어휘에 대한 학생들의 학습 요구가 높아지고 있다.

이러한 학생들의 요구에 맞춰 다양한 전공별 어휘 교재를 개발하게 되었다. 한 권이 4주 완성 교재로, 1권은 1장 경영, 경제, 2장은 무역, 3장은 관광, 호텔, 부동산, 4장은 금융, 회계, 세무 전공 어휘로 나누어 구성하였다.

외국인 유학생의 국적이 다양해지고 있으므로 영어, 중국어, 일본어, 베트남어로 어휘를 제시해 사전이 없어도 쉽게 어휘를 학습할 수 있도록 하였다. 또한 4년제 대학뿐 아니라 전문대의 실용적인 학과에서 많이 쓰이는 전공 어휘와 외래어도 수록하였다.

본 교재는 전공 어휘의 의미, 예문, 연습 문제, 추가 학습 자료 등을 통해 외국인 학습자가 체계적으로 학습할 수 있도록 하였다.

또한 학습의 완성도를 높이기 위해 <일일 학습 체크하기>를 넣어 진도를 스스로 체크하면서 자율적이고 흥미롭게 학습할 수 있도록 하였다.

이 책을 통해 외국인 유학생들이 전공 어휘를 단계적으로 학습하여 전공 과정을 성공적으로 이수하는 데에 큰 도움이 되기를 바란다.

책을 출간해 주신 동문사 이중수 사장님과 전공 어휘의 영어, 중국어, 일본어, 베트남어 번역에 도움을 준 애니 김, 장통, 안도 모에, 김써니 님께 감사를 드린다.

2023년 7월
저자 일동

일러두기

- 『외국인을 위한 대학 전공 한국어 어휘 찾기1 (경영, 경제 / 무역 / 관광, 호텔, 부동산 / 금융, 회계, 세무)』는 국내 대학(원)·전문대 입학을 준비하거나 재학 중인 외국인 유학생의 전공 어휘 이해를 높이는 것을 목적으로 한 교재이다.

- 이 교재의 전공 어휘는 개론서와 각 전공의 학회나 협회 등에서 주요 어휘나 용어로 뽑아 놓은 것들을 중심으로 선정하였다.

- 이 교재의 예상 독자는 국내 대학(원)·전문대 진학을 희망하거나 재학 중인 외국인 대학(원)·전문대 학생, 고급 수준의 한국어 연수생, 토픽(TOPIK) 중급 이상 한국어 학습자, 국내외 한국 기업 및 공공기관 취업 희망자, 고급 어휘력을 늘리고자 하는 한국어 학습자이다. 이외에도 한국어에 관심이 있는 모든 외국인, 한국어를 가르치는 교원과 다문화 강사에게도 이 교재가 도움이 될 것이다.

- 이 교재는 4주 완성 교재이며, 전체 4장으로 구성되어 있다. 1장은 경영, 경제, 2장은 무역, 3장은 관광, 호텔, 부동산, 4장은 금융, 회계, 세무 전공 어휘이다.

- 1장은 한 주, 6일 동안 학습하도록 구성되었다. 1일 차부터 5일 차까지는 매일 20개, 총 100개의 전공 어휘를 학습하고, 5일 차에는 그동안 학습한 전공 어휘를 종합적으로 활용한 긴 글을 제시하여 어휘를 확인할 수 있도록 하였다. 그리고 6일 차에는 알아 놓으면 유용한 여러 추가 학습 자료를 제시하였다.

- 각 장의 내용은 다양한 전공 어휘를 실제적으로 활용할 수 있는 문장과 글로 구성하였고, 각 과의 내용이 서로 연관되어 학습의 흐름을 유지하도록 하였다.

- 〈일일 학습 체크하기〉를 통해 학습자들이 자율적으로 자신의 학습 진도를 확인할 수 있도록 하였다.

- 각 장의 1일 차부터 5일 차까지는 〈어떤 어휘가 있을까요?〉, 〈문장 안에서 어떻게 쓰일까요?〉, 〈알맞은 어휘는 무엇일까요?〉로 구성하였다. 5일 차에는 추가로 〈다음 글을 읽어 볼까요?〉를, 그리고 마지막 6일 차에는 〈더 배워 볼까요?〉를 제시하였다.

✓ 〈어떤 어휘가 있을까요?〉에서는 각 장의 전공과 관련된 어휘를 대일 20개씩 제시하여 5일 동안 100개의 새로운 전공 어휘를 학습할 수 있도록 하였다. 어휘는 영어, 중국어, 일본어, 베트남어를 함께 제시하였다.

✓ 〈문장 안에서 어떻게 쓰일까요?〉에서는 어휘를 활용한 실용적인 예문을 제시해 각 어휘가 문장에서 어떻게 쓰이는지 보여 주었다.

✓ 〈알맞은 어휘는 무엇일까요?〉에서는 다양한 형태의 연습 문제를 통해 학습한 어휘에 관한 문제를 풀어보도록 함으로써 어휘를 얼마나 알고 있는지 확인할 수 있도록 하였다. 〈정답〉은 연습 문제의 밑에 제시하였다.

✓ 〈다음 글을 읽어 볼까요?〉는 5일 차에 추가로 제시하였다. 5일 동안 학습한 전공 어휘를 종합적으로 활용한 긴 글을 제시하여 전공 어휘에 대한 이해를 심화시킬 수 있도록 하였다. 그리고 핵심 요약을 통해 긴 글의 중심 생각을 정리할 수 있도록 하였다.

✓ 〈더 배워 볼까요?〉는 6일 차에 학습한다. 알아 놓으면 유용한 경제 시사 용어, 무역 협정, 호텔의 종류, 세금의 종류 등의 자료를 제시하여 추가로 학습하도록 하였다.

차례

2장 무역

3장 관광, 호텔, 부동산

3일차

4일차

5일차

3일차

4일차

1장 경영, 경제

1주차 1일차 1장 경영, 경제

1. 어떤 어휘가 있을까요?

	어휘	영어	중국어	일본어	베트남어
1	가계	household economy	家庭收支	家計	kinh tế gia đình
2	간접세	indirect tax	间接税	間接税	thuế gián thu
3	감세	tax reduction	减税	減税	sự giảm thuế
4	거시	macro	宏观	巨視	vĩ mô
5	결산	settlement of accounts	结算	決算	sự quyết toán sổ sách
6	경기	economic condition	景气	景気	tình hình kinh tế
7	계층	hierarchy	阶层	階層	giai cấp
8	고용	employ	雇佣	雇用	việc thuê lao động
9	공공재	public goods	公共财产	公共財	hàng hoá công cộng
10	공급	supply	供给	供給	sự cung cấp
11	공황	economic depression	恐慌	恐慌	sự khủng hoảng
12	과세	taxation	课税	課税	việc tính thuế, đánh thuế
13	구조 조정	restructuring	结构调整	リストラ	tái cấu trúc tổ chức
14	금리	interest rate	利息	金利	lãi suất
15	기회비용	opportunity Cost	机会成本	機会費用	chi phí cơ hội
16	노동	labor	劳动	労働	sự lao động
17	노동조합	labor union	工会	労働組合	công đoàn
18	담보	security	担保	担保	sự thế chấp
19	매출	sales	销售	売上	việc bán hàng
20	미시	micro	微观	微視	vi mô

2. 문장 안에서 어떻게 쓰일까요?

1	가계	• 요즘 경제가 안 좋아서 가계의 은행 빚이 늘고 있다고 한다.
2	간접세	• 물건을 사거나 서비스를 이용할 때 포함되는 세금이 간접세이다.
3	감세	• 이번 선거에서 여러 후보가 월급을 받는 직장인의 감세를 공약으로 내놓았다.
4	거시	• 저출산 문제를 해결하기 위해서는 거시적인 시각으로 이 문제를 바라봐야 한다.
5	결산	• 상반기의 수입과 지출을 계산해서 결산 보고서를 작성했다.
6	경기	• 국내 경기가 좋아지면서 수출도 활발해지고 있다.
7	계층	• 조선 시대의 양반은 사회적, 경제적 특권을 모두 가진 신분 계층이었다.
8	고용	• 그 회사는 전체 직원 중의 10%를 장애인으로 고용하고 있다.
9	공공재	• 국방 서비스, 치안 서비스, 소방 서비스 등은 공공재에 해당된다.
10	공급	• 우리 건물은 공사 때문에 8월 한 달 동안 온수 공급이 중단된다.
11	공황	• 1929년에 미국에서 시작된 경제 공황은 세계 대공황으로 확산되었다.
12	과세	• 법적으로 세금을 내지 않아도 된다는 조항이 없는 한 모든 소득은 과세 대상이 된다.
13	구조 조정	• 정부는 공공기관 정원의 2.8%인 1만 2400여 명을 구조 조정하겠다고 발표했다.
14	금리	• 10년 만에 은행 금리가 6%대로 올라 내년부터 은행에서 돈을 빌리는 것이 더 어려울 것으로 보인다.
15	기회비용	• 만약 시급 10,000원의 아르바이트를 2시간 포기하고 15,000원의 영화를 보았다면 기회비용은 얼마일까?
16	노동	• 정부는 중소기업의 노동 환경을 개선하기 위한 정책을 마련하기로 했다.
17	노동조합	• 노동자가 주체가 되어 근로 조건의 유지, 개선 등을 목적으로 조직한 단체를 노동조합이라고 한다.
18	담보	• 주택 담보 대출의 금리가 내년까지 계속해서 오를 것이라고 전망하고 있다.
19	매출	• 그 영화는 개봉 10일 만에 글로벌 매출 1조 원을 돌파했다.
20	미시	• 사회 문제의 원인을 제도가 아닌 사람들과의 상호작용에서 찾고자 하는 것은 미시적 관점이다.

3. 알맞은 어휘는 무엇일까요?

1) 다음 초성으로 된 어휘를 사용해서 문장을 완성하세요.

가	ㄱㅅ	(　　　)(이)란 일정한 기간 안에 일어난 수익과 비용을 계산하여 서류를 작성하는 일이다.
나	ㄱㅎ	미국의 경제 대(　　　)은/는 역사상 가장 길고 강력한 경제 위기였다.
다	ㄷㅂ	은행에서 돈을 빌리려면 (　　　)이/가 있거나 보증인이 필요하다.

2) 다음 어휘의 알맞은 의미를 연결하세요.

가. 간접세 •
나. 가계 •
다. 공공재 •
라. 미시 •
마. 거시 •

• ① 어떤 것을 전체적으로 크게 봄
• ② 많은 사람이 공동으로 사용하는 서비스, 시설, 도로, 공원 등을 의미함
• ③ 소비의 주체인 가정
• ④ 작게 보거나 작게 보임
• ⑤ 세금을 납부할 의무가 있는 납세자와 세금을 최종적으로 부담하는 조세 부담자가 다른 조세

3) 다음 〈보기〉에서 알맞은 어휘를 찾아 문장을 완성하세요.

보기

공급	과세	고용	금리	매출

가. 일반적으로 정부는 경제가 침체되거나 과열될 경우에 (　　　)을/를 낮추거나 높이는 통화 정책을 실시하고 있다.

나. 2018년부터 모든 종교인들도 세금을 내야 하는 종교인 소득 (　　　)이/가 시행되었다.

다. 물건이나 서비스의 가격이 높을 때는 (　　　)이/가 많아지고 반대로 가격이 낮을 때는 줄어든다.

정답

1) 가. 결산 나. 공황 다. 담보
2) 가. ⑤ 나. ③ 다. ② 라. ④ 마. ①
3) 가. 금리 나. 과세 다. 공급

1주차 2일차 1장 경영, 경제

1. 어떤 어휘가 있을까요?

어휘		영어	중국어	일본어	베트남어
1	법인	corporation	法人	法人	pháp nhân
2	보조금	subside, grant of money	补助金	補助金	tiền trợ cấp
3	보험	insurance	保险	保険	bảo hiểm
4	분배	distribution	分配	分配	sự phân chia
5	분업	division of labor	分工	分業	sự phân chia công việc
6	비용	expense	费用	費用	chi phí
7	상속	succession, inheritance	继承	相続	sự thừa kế
8	상표	brand	商标	商標	thương hiệu
9	상한제	upper limit system	上限制	上限制度	chính sách giá trần
10	생산	production	生产	生產	việc sản xuất
11	서비스업	service occupations	服务业	サ－ビス業	ngành dịch vụ
12	선물	futures	期货	先物	hàng hóa giao sau
13	성과	accomplishment, result	成果	成果	thành quả
14	성장	growth	成长	成長	sự phát triển
15	세금	tax	税	税金	tiền thuế
16	소득	income	所得	所得	thu nhập
17	소비자	consumer	消费者	消費者	người tiêu dùng
18	손실	loss	损失	損失	sư tổn thất
19	손익 분기점	break-even point	损益平衡点	損益分岐点	điểm hòa vốn
20	수요	demand	需要	需要	nhu cầu

2. 문장 안에서 어떻게 쓰일까요?

1	법인	• 법률에 의하여 권리 능력이 인정되는 단체나 재산을 법인이라고 한다.
2	보조금	• 정부는 전기차를 구입하는 사람들에게 지급해 오던 보조금을 점차 줄이겠다고 밝혔다.
3	보험	• 반려동물을 키우는 인구가 증가하면서 반려동물의 의료비, 수술비 등을 보장해 주는 보험에 가입하는 사람들도 많아지고 있다.
4	분배	• 빈곤은 소득 분배가 잘못되어서 나타나는 사회 문제라고 말하기도 한다.
5	분업	• 의사와 약사의 업무를 분담해, 의사는 진찰과 처방, 약사는 조제와 투약만을 하도록 하는 것을 의약 분업이라고 한다.
6	비용	• 서울시는 생활 폐기물 소각장에서 나온 소각 에너지를 재활용해 1,600억 원 상당의 에너지 수입 비용을 절감했다.
7	상속	• 얼굴, 이름, 목소리 등에도 재산적 가치를 부여해 상속까지도 가능하게 되었다.
8	상표	• 상표란 사업자가 자기 상품에 대해 사용하는 기호, 문자, 도형 등의 일정한 표지를 말한다.
9	상한제	• 가격이 급등하거나 급락할 때의 혼란을 막기 위해 정부는 가격 상한제나 가격 하한제를 설정해 개입한다.
10	생산	• 제주도에서만 주로 생산되었던 천혜향이 충북 영동군에서도 재배되고 있다.
11	서비스업	• 상업, 음식, 숙박업, 의료 보건업, 관광, 은수, 통신, 영화와 연극 등의 흥행업이 서비스업에 포함된다.
12	선물	• 보통 선물은 1개월, 3개월 또는 1년 전에 미리 거래하기 때문에 주식처럼 사 놓고 무제한으로 기다릴 수 없다.
13	성과	• 우리 회사는 1년 동안 일한 성과에 따라 성과급을 지급한다.
14	성장	• 한국 전쟁 이후 한국이 이루어 낸 경제 성장을 보고 세계는 '한강의 기적'이라고 말했다.
15	세금	• 술은 시장에 출고되는 가격이 비쌀수록 더 많은 세금이 부과된다.
16	소득	• 정기적인 수입에서 얻는 소득과 1회 또는 일시적으로 발생하는 소득이 있다.
17	소비자	• 허위. 과장 광고로 피해를 입은 경우 소비자 상담 센터에 신고할 수 있다.
18	손실	• 경기 침체로 경제적 손실을 입은 소상공인과 중소기업에게 정부 보조금이 지급되었다.
19	손익 분기점	• 상품 값이 손익 분기점 밑으로 내려가면 기업은 손해를 본다.
20	수요	• 수요는 소비자가 어떤 상품을 구매하고 싶어 하는 욕구이다.

3. 알맞은 어휘는 무엇일까요?

1) 다음 초성으로 된 어휘를 사용해서 문장을 완성하세요.

가	ㅅㅂㅈ	최근 친환경, 유기농 제품을 선호하는 ( )이/가 증가하고 있다.
나	ㅂㅇ	경찰은 그 국회의원이 지역의 건설 업체에서 ( ) 카드를 받아 사용하는 등 수천만 원 상당의 금품을 수수한 혐의로 수사를 시작했다.
다	ㅅㄷ	노인 빈곤 문제를 해결하기 위해서는 수입이 없는 노인에게도 ( )을/를 보장해 주어야 한다.

2) 다음 어휘의 알맞은 의미를 연결하세요.

가. 보조금 •
나. 분배 •
다. 분업 •
라. 선물 •
마. 세금 •

• ① 생산의 과정을 여러 사람이 나누어 일을 하는 노동의 형태
• ② 국가나 지방 자치 단체가 법률에 따라 국민으로부터 걷는 돈
• ③ 장래의 일정한 시기에 현품을 넘겨준다는 조건으로 매매 계약을 하는 거래 종목
• ④ 생산에 참여한 사람들에게 생산물을 나누는 것
• ⑤ 정부나 공공 단체가 기업이나 개인에게 주는 돈

3) 다음 〈보기〉에서 알맞은 어휘를 찾아 문장을 완성하세요.

보기

법인	상속	손익 분기점	손실	수요

가. 경기가 회복되어 해외여행 ( )이/가 급증했다.
나. 일정 기간 수익과 비용이 같아서 이익도 손해도 생기지 않는 바로 그 시기를 ( )(이)라고 한다.
다. 전 세계가 자연재해로 인해 경제적 ( )이/가 커지고 있다.

정답

1) 가. 소비자 나. 법인 다. 소득
2) 가. ⑤ 나. ④ 다. ① 라. ③ 마. ②
3) 가. 수요 나. 손익 분기점 다. 손실

1주차 3일차 1장 경영, 경제

1. 어떤 어휘가 있을까요?

어휘		영어	중국어	일본어	베트남어
1	수익	revenue, surplus	收益	収益	lãi, lợi tức
2	수입	import	进口	輸入	sự nhập khẩu
3	수지	income and expenses	收支	収支	sự thu chi
4	수출	export	出口	輸出	sự xuất khẩu
5	순환	circulation, cycle	循环	循環	sự quay vòng vốn
6	신용	credit	信用	信用	tín dụng
7	실업	unempoyment	失业	失業	sự thất nghiệp
8	실질 임금	take-home pay	实际工资	実質賃金	tiền lương thực tế
9	양도	assign, transfer	转让	譲渡	sự chuyển nhượng
10	어음	promissory note	期票	手形	hối phiếu
11	업무	task, work	业务	業務	nghiệp vụ
12	연봉제	annual salary system	年薪制	年俸制	chế độ tiền lương tính theo năm
13	예산	budget	预算	予算	ngân sách
14	외환	foreign currency	外汇	外国為替	ngoại hối
15	욕구	desire	需求	欲求	sự khao khát
16	운송	transit	运送	運送	sự vận chuyển
17	원화	Korean Won	韩元	韓国のウォン貨	tiền won
18	유가	oil price	油价	石油価格	giá dầu
19	유가 증권	securities	有价证券	有価証券	chứng khoán chuyển đổi
20	유동성	market liquidity	流动性	流動性	tính lưu thông

2. 문장 안에서 어떻게 쓰일까요?

1	수익	• 구두를 닦고 수선하면서 번 수익 금액 중 10%를 모아 15년간 꾸준하게 나눔을 실천한 사람의 기사가 뉴스에 나왔다.
2	수입	• 정부는 계란의 가격 안정화를 위해 스페인산 수입 계란을 국내 시장에 공급하고 있다.
3	수지	• 경기 회복과 물가 안정으로 국제 수지가 개선되고 있다.
4	수출	• 품질, 맛 등이 우수한 한국산 배의 베트남 수출이 시작되었다.
5	순환	• 청와대 관람 순환 버스를 무료로 이용할 수 있게 되었다.
6	신용	• 신용 카드를 사용하면 현금을 가지고 다닐 때의 불편함과 분실 위험을 줄일 수 있다.
7	실업	• 공장 자동화 시스템의 도입으로 대량 실업이 발생했다.
8	실질 임금	• 고물가의 영향으로 실질 임금이 하락하고, 가구당 가계 부담은 늘어나고 있다.
9	양도	• 그 회사는 소유주 일가의 안 좋은 소문과 제품 과장 홍보 의혹으로 최악의 상황에 처해 있다가 결국 다른 회사에 경영권을 양도하기로 했다.
10	어음	• 지급을 거절당해 부도가 난 어음은 종이쪽지에 불과하다.
11	업무	• 월말에는 업무가 많아 퇴근을 빨리 못하는 경우가 많다.
12	연봉제	• 한 프로 야구단은 선수가 계약 구조를 선택하는 새로운 연봉제를 도입하기로 해 관심을 끌고 있다.
13	예산	• 정부는 어려운 상황에 처한 중소기업의 회복을 위해 역대 최고의 지원 예산을 세웠다고 밝혔다.
14	외환	• 출입국 시 외환 신고 없이 1만 달러 이상 소지하는 경우 과태료가 부과된다.
15	욕구	• 매슬로우(Maslow)는 인간은 5개의 단계별로 욕구가 증가한다고 말했다.
16	운송	• 창사 70주년을 맞은 이 회사는 1,260대의 버스와 전국 202개의 노선을 운영하는 국내 최대 운송 회사이다.
17	원화	• 원화 가치가 올라가면 한국에서 수출하는 기업의 수입은 줄어든다.
18	유가	• 지난해 국제 유가는 국가 간 전쟁의 영향으로 배럴당 120달러까지 치솟았다.
19	유가 증권	• 금리가 급격히 상승하면서 유가 증권의 평가 손실 폭이 커졌다.
20	유동성	• 현금이나 저축성 예금은 유동성이 높지만 미술품, 건물 등은 유동성이 낮다.

3. 알맞은 어휘는 무엇일까요?

1) 다음 초성으로 된 어휘를 사용해서 문장을 완성하세요.

가	ㅅㅇ	한국은 석유를 전량 (　　)에 의존하고 있다.
나	ㅅㅇ	약속을 자주 어기는 사람은 (　　)을/를 잃을 수 있다.
다	ㅇㅎ	원(₩)을 단위로 하는 한국 화폐를 (　　)(이)라고 한다.

2) 다음 어휘의 알맞은 의미를 연결하세요.

가. 실질 임금 •
나. 양도 •
다. 유가 증권 •
라. 어음 •
마. 유동성 •

• ① 재산적 가치를 가진 증서를 말함
• ② 자산을 현금으로 바꿀 수 있는 정도를 나타냄
• ③ 일정한 금액을 일정한 날짜, 장소에서 치를 것을 약속하거나 제삼자에게 그 지급을 위탁하는 유가 증권을 말함
• ④ 재산, 권리, 지위 등을 남에게 넘겨주는 것
• ⑤ 물가 상승을 반영한 임금을 말함

3) 다음 〈보기〉에서 알맞은 어휘를 찾아 문장을 완성하세요.

보기

수지	실업	업무	운송	유가

가. 회사의 영업부는 시장 조사, 홍보, 신제품 기획 등의 (　　)을/를 담당하는 부서이다.
나. 경기 침체로 인해 (　　) 인구가 증가하고 있다.
다. (　　)은/는 차에 실린 물건을 옮기는 것이고, 운반은 사람이 물건을 옮겨 나르는 것을 말한다.

정답
1) 가. 수입　나. 신용　다. 원화
2) 가. ⑤　나. ④　다. ①　라. ③　마. ②
3) 가. 업무　나. 실업　다. 운송

1주차 4일차 1장 경영, 경제

1. 어떤 어휘가 있을까요?

	어휘	영어	중국어	일본어	베트남어
1	이윤	profit	利润	利益	lợi nhuận
2	인사	human resources affairs	人事	人事	nhân sự
3	인플레이션	inflation	通货膨胀	インフレーション	sự lạm phát
4	잉여	surplus	剩余	残り	thặng dư
5	자금	funds	资金	資金	tiền quỹ
6	자본	equity, capital	资本	資本	tài chính
7	자산	assets	资产	資産	tài sản
8	자원	resources	资源	資源	nguồn lợi
9	재고	inventory	库存	在庫	hàng tồn kho
10	재무	finance	财务	財務	tài vụ
11	재무제표	financial statement	财务报表	財務諸表	báo cáo tài chính
12	재정	finance	财政	財政	tài chính
13	적자	in the red, running a deficit	赤字	赤字	lỗ, thâm hụt
14	제조업	manufacturing	制造业	製造業	ngành sản xuất
15	조달	supply, procurement	筹措	調達	sự tài trợ
16	조립	to put together, to assemble	组装	組み立て	sự lắp ráp
17	조직	organization	组织	組織	cơ cấu
18	주문 생산	order production	订货生产	注文生産	sản xuất theo đơn hàng
19	주식	stock	股票	株式	cổ phiếu
20	증권	stock, securities	证券	証券	chứng khoán

2. 문장 안에서 어떻게 쓰일까요?

1	이윤	• 기업의 총수입에서 임대, 지대, 이자 등을 빼고 남는 순이익을 이윤이라고 한다.
2	인사	• 회사 부서 중 인사과는 직원 채용, 교육, 퇴사나 근무 평가 등의 업무를 하는 부서이다.
3	인플레이션	• 인플레이션의 영향으로 식료품과 주택의 가격이 올랐다.
4	잉여	• 잉여 인력을 줄인다는 명목으로 많은 직원이 해고됐다.
5	자금	• 주택 구입 자금을 마련하려면 허리띠를 더 졸라매야 한다.
6	자본	• 처음에는 그 감독의 영화에 자본을 투자하려는 회사가 없었다고 한다.
7	자산	• 일부 재벌들이 자산을 해외로 빼돌렸다는 소식은 국민에게 충격을 주었다.
8	자원	• 한국은 천연자원은 부족한 국가이지만, 풍부한 인적 자원으로 경제 성장을 이룰 수 있었다.
9	재고	• 장사에서 이익을 남기기 위해서는 재고 관리를 잘해야 한다.
10	재무	• 신생 기업이라도 재무 상태가 좋은 회사에 투자하고 싶다.
11	재무제표	• 한국은행이 지난해 국내 은행들의 재무제표를 분석한 결과 수익성과 성장성이 모두 개선된 것으로 나타났다.
12	재정	• 그 회사는 최근 무리한 사업 확장으로 회사의 재정 상태가 좋지 않다.
13	적자	• 수출이 5개월 연속 적자를 기록하고 있다.
14	제조업	• 한국은 생산 공장은 적지만 제조업 경쟁력은 높은 편이다.
15	조달	• 최근 자금 조달의 어려움으로 그 기업이 파산 위기에 놓여 있다.
16	조립	• 보통은 기업의 완제품 컴퓨터를 사지만, 자신이 원하는 대로 부품을 선택해 조립을 하는 사람들도 있다.
17	조직	• 대부분의 조직 개편이 언제나 좋은 결과를 가져오는 것은 아니다.
18	주문 생산	• 요즘은 고객이 원하는 대로 주문 생산을 해 주는 기업이 늘고 있다.
19	주식	• 주식을 가진 사람들은 그 개수만큼 비례해서 이윤을 받을 권리가 있다.
20	증권	• 그 사이트는 주식 투자에 유용한 증권 정보와 실시간 방송을 제공한다.

3. 알맞은 어휘는 무엇일까요?

1) 다음 초성으로 된 어휘를 사용해서 문장을 완성하세요.

가	ㅈㅅ	회사의 ( )을/를 가진 개인이나 법인을 주주라고 한다.
나	ㅇㅇ	기업의 목표는 ( )을/를 추구하는 것이다.
다	ㅈㄷ	인플레이션, 전쟁 등으로 식량 ( )에 어려움이 발생해 세계 각국이 식량 마련을 위한 대책에 나서고 있다.

2) 다음 어휘의 알맞은 의미를 연결하세요.

가. 재무제표 •
나. 인사 •
다. 인플레이션 •
라. 제조업 •
마. 자산 •

• ① 개인이나 법인이 가지고 있는 경제적 가치가 있는 재산
• ② 화폐 가치가 떨어지고 물가가 계속 올라 일반인의 실질적 소득이 감소하는 현상
• ③ 물품을 대량으로 만드는 사업을 말함
• ④ 기업의 재정 상태나 경영 성과를 숫자로 나타낸 표
• ⑤ 직원의 임용, 해임, 평가 등과 관련되는 일을 말함

3) 다음 〈보기〉에서 알맞은 어휘를 찾아 문장을 완성하세요.

보기

잉여	적자	자원	주문 생산	재고

가. 인간 생활 및 경제 생산에 이용되는 노동력이나 기술 등을 ( )(이)라고 한다.
나. '매스 커스터마이제이션(mass customization)'이란 '개별 고객의 요구와 기대에 맞춰 ( )이/가 된 제품 및 서비스를 대량으로 생산해서 싸게 제공하는 시스템'이란 뜻이다.
다. 해외 관광객 수의 감소로 관광 수지 ( ) 폭이 커지고 있다.

정답
1) 가. 주식 나. 이윤 다. 조달
2) 가. ④ 나. ⑤ 다. ② 라. ③ 마. ①
3) 가. 자원 나. 주문 생산 다. 적자

1주차 5일차 1장 경영, 경제

1. 어떤 어휘가 있을까요?

	어휘	영어	중국어	일본어	베트남어
1	지식 재산권	intellectual property rights	知识产权	知的所有権	quyền sở hữu trí tuệ
2	지주 회사	holding company	持股公司	持株会社	công ty mẹ
3	지표	indicators, index	指标	指標	chỉ số
4	직무	duty, job,task	职务	職務	nhiệm vụ trong công việc
5	창업	start a business	创业	創業	sự khởi nghiệp
6	채권	bond	债券	債券	trái phiếu
7	채무	debt, finacial obligation	债务	債務	nghĩa vụ tài chính
8	최고 경영자	chief executive officer	CEO	最高経営責任者	tổng giám đốc điều hành
9	최저 임금	minimum wage	最低工资	最低賃金	lương tối thiểu
10	침체	stagnancy	停滞	沈滞	sự đình trệ
11	탄력성	elasticity	弹性	弾力性	tính đàn hồi
12	통상	trade	通商	通商	thông thương
13	통화량	money supply	通货量	通貨量	lượng tiền lưu hành
14	투기	speculation	投机	投機	sự đầu cơ
15	투자	investment	投资	投資	sự đầu tư
16	특허	patent, license	专利权	特許	bằng sáng chế
17	편익	benefit	便利	便益	lợi ích
18	호황	prosperous condition, a boom	旺市	好況	thời kì kinh tế thịnh vượng
19	환율	exchange rate	汇率	為替レート	tỷ giá hối đoái
20	흑자	in the black, running a surplus	顺差	黒字	sự có lãi, thặng dư

2. 문장 안에서 어떻게 쓰일까요?

1	지식 재산권	• 지식 재산권은 발명, 상표, 디자인 등의 산업 재산권과 문학, 음악, 미술 작품 등에 관한 저작권으로 나뉜다.
2	지주 회사	• 그 회사는 유럽 시장 진출을 위해 유럽에 지주 회사를 세웠다.
3	지표	• 방향이나 목적, 기준 등을 나타내는 것을 지표라고 한다.
4	직무	• 작년에 새로 뽑힌 시장의 직무 수행 능력에 대한 긍정 평가가 소폭 상승했다.
5	창업	• 청년 실업을 해결할 수 있는 방법 중 하나는 창업이다.
6	채권	• 채권이란 국가, 지방 자치 단체, 은행, 회사 등이 사업에 필요한 자금을 차입하기 위하여 발행하는 유가 증권을 말한다.
7	채무	• 한 연예인이 방송에 나와 자신이 사업 실패로 거액의 채무가 있다고 공개했다.
8	최고 경영자	• 최고 경영자는 기업의 최고 의사 결정권자이다.
9	최저 임금	• '열정 페이'란 최저 임금조차 주지 않고 청년들의 노동력을 착취하는 것을 말하는 신조어이다.
10	침체	• 주식 시장이 침체되면서 아파트에 관심이 쏠리고 있다
11	탄력성	• 경제 분야에서 탄력성이란 가격이 변할 때 수요량이 변하는 정도를 수치로 측정한 것이다.
12	통상	• 통상은 상품, 서비스 매매뿐 아니라 지식 재산권, 제도 등을 포함한 무역보다 더 넓은 개념이다.
13	통화량	• 물가 상승은 통화량이 지나치게 많을 때 발생한다.
14	투기	• 전문가들에 의하면 토지와 건물에 대한 투기는 근본적인 문제를 해결하지 않으면 사라지지 않을 것이라고 한다.
15	투자	• 투자는 미래의 수익, 가격 상승을 목표로 하고, 투기는 이와 비슷하지만 전부를 잃어버릴 수 있는 위험을 감수해야 한다.
16	특허	• 특허로 인정받으려면 발명성, 신규성, 산업 이용 가능성, 진보성 등 4가지 요건을 갖추어야 한다.
17	편익	• 정부는 소비자 편익 증대를 위해 금융 플랫폼 앱을 통해 다른 은행들과 상품을 비교할 수 있도록 한다고 밝혔다.
18	호황	• 매매나 거래에서 경제 활동 상황이 좋은 것을 호황이라고 한다.
19	환율	• 환율을 결정하는 가장 근본적인 것은 해당 국가와 상대 국가의 물가 수준의 변화이다.
20	흑자	• 해외여행이 늘면서 항공사는 올 후반기에는 흑자를 낼 것이라고 전망했다.

3. 알맞은 어휘는 무엇일까요?

1) 다음 초성으로 된 어휘를 사용해서 문장을 완성하세요.

가	ㅊㅈ ㅇㄱ	( ) 제도는 저임금 근로자를 보호하는 제도로, 국가가 임금의 최저 수준을 정해 사용자에게 이 수준 이상의 임금을 지급하도록 하는 것이다.
나	ㅊㅇ	은퇴 후 커피숍, 편의점 등의 ( )을/를 준비하는 사람이 많다.
다	ㅌㄹㅅ	( )은/는 가격이 1% 변했을 때, 수요와 공급량이 얼마나 변했는지를 보여 주는 지표라고 할 수 있다.

2) 다음 어휘의 알맞은 의미를 연결하세요.

가. 특허 •
나. 편익 •
다. 지식 재산권 •
라. 지주 회사 •
마. 통화량 •

• ① 자신이 지불한 비용으로 얻은 대가나 만족, 경제적인 이익을 뜻함
• ② 다른 회사의 주식을 가져 그 회사를 독점적으로 지배하는 회사
• ③ 시중에 유통되고 있는 화폐의 양
• ④ 발명을 한 사람이나 정당한 승계인에게 일정 기간 동안 권리를 주는 것
• ⑤ 지적인 활동으로 인해 발생하는 모든 재산권을 말함

3) 다음 〈보기〉에서 알맞은 어휘를 찾아 문장을 완성하세요.

보기

투기	침체	지표	호황	흑자

가. 한국은 1980년대 중반에 전 세계적인 저금리, 저유가, 저달러 환율로 경제 (   )을/를 누렸다.
나. 무역 수지가 적자에서 (   )(으)로 돌아섰다.
다. 수도권의 신도시 아파트 개발지가 (   )의 대상이 되고 있다.

정답
1) 가. 최저 임금 나. 창업 다. 탄력성
2) 가. ④ 나. ① 다. ⑤ 라. ② 마. ③
3) 가. 호황 나. 흑자 다. 투기

4. 다음 글을 읽어 볼까요?

수요·공급의 법칙

우리가 구입하는 물건이나 서비스의 가격을 결정하는 것은 누구일까? 대통령이나 대기업 회장, 편의점 사장에 의해 가격이 결정된다고 생각할 수도 있지만, 실제로 가격은 수요와 공급이 일치되는 시점에서 결정된다.

자유 경쟁 시장에서 수요와 공급이 일치되는 상태에서 시장 가격과 거래량이 결정된다는 원칙을 수요·공급의 법칙이라고 한다.

사람들이 어떤 물건이나 서비스를 일정한 가격으로 사고자 하는 욕구를 '수요'라고 하며, 사람들의 요구나 필요에 따라 물건이나 서비스를 제공하는 것을 '공급'이라고 한다. 수요가 늘어나면 물건의 가격이 올라가고, 줄어들면 가격이 내려간다. 반대로 공급이 늘어나면 가격이 내려가고, 줄어들면 가격이 올라간다.

예를 들어 에어컨의 경우를 생각해 보자. 초여름부터 날씨가 갑자기 더워지면 사람들이 에어컨을 사려고 전자상가로 몰려든다. 그러나 아직 상품이 충분히 준비되지 않았다면 준비된 에어컨의 수량보다 에어컨을 사려는 사람이 더 많아진다. 이때 에어컨의 가격은 올라간다.

여름이 계속 더울 것으로 예상한 에어컨 공장에서는 에어컨을 많이 생산한다. 그러나 막상 한여름이 되었는데도 비가 많이 와서 날씨가 덥지 않은 경우, 에어컨을 사려는 사람은 오히려 줄어든다. 이때 가격이 내려간다.

이렇게 가격이 상승하게 되면 수요량이 감소해 공급량은 증가하고, 가격이 하락하면 수요량은 증가하고 공급량은 감소해 결국 균형 가격으로 돌아가게 된다.

1) 위의 내용과 같으면 O, 다르면 X 하세요.

가. 편의점의 물건 가격은 사장이 마음대로 결정할 수 있다. (　　)

나. 수요란 어떤 물건이나 서비스를 일정한 가격으로 사고자 하는 욕구를 말한다. (　　)

다. 에어컨의 공급보다 수요가 많을 때 에어컨의 가격은 상승한다. (　　)

2) 수요·공급의 법칙에 맞춰 패딩 코트의 가격 결정에 대해 설명해 보세요.

정답

1) 가. X　나. O　다. O

2) 생략

핵심 요약

수요·공급의 법칙

자유 경쟁 시장에서
수요와 공급이 일치되는 상태에서
시장 가격과 거래량이 결정된다는 원칙

MEMO

1주차 6일차 1장 경영, 경제

더 배워 볼까요?

알아 놓으면 유용한 경제 시사 용어

1. 물고기를 많이 잡을 수 있는 넓고 푸른 바다라는 말로, 경쟁자가 없는 유망한 시장을 의미함	블루오션 (blue ocean)
2. 은행들끼리 급하게 돈을 빌릴 때의 금리(이자)	콜(call) 금리
3. 은행이 돈을 빌리고 발행하는 특별한 채권	CD (certificate of deposit)
4. 기업에서 최고의 의사 결정권을 가진 사람을 말함	CEO (chief executive officer)
5. 국가 규모로 빚을 못 갚겠다고 선언하는 것	디폴트 (default)
6. 일정한 자격을 갖춘 사람에게 자기 상품이나 서비스에 대하여 일정 지역에서의 영업권을 주는 것	프랜차이즈 (franchise)

7. 국내 총생산. 한 나라 안에서 1년을 기준으로 생산되는 재화와 용역의 시장 가치를 합한 것. 3개월마다 한국은행이 발표함	GDP (gross domestic product)
8. 국민 총소득. 한 나라의 국민이 생산 활동을 통해 벌어들인 소득. 국내 총소득에 국외에서 벌어들인 순수한 소득을 합함	GNI (gross national income)
9. 1996년에 세워진 대한민국의 주식 시장. 나스닥을 본떠 만든 것	코스닥 (KOSDAQ)
10. 원래는 한국증권거래소 시절부터 유가 증권 시장의 종합주가지수를 의미하는 말이었으나 의미가 확대되어 유가증권 시장을 코스피 시장이라고 함. 대한민국의 제1 증권 시장으로 미국의 뉴욕증권거래소(NYSE)와 같은 곳	코스피 (KOSPI)
11. 생산자가 소비자에게 상품이나 서비스를 제공하는 것과 관련된 모든 경영 활동	마케팅 (marketing)
12. 기업의 인수와 합병을 말함. '인수'란 한 기업이 다른 기업의 경영권을 획득하는 것을 말하며, '합병'이란 두 개 이상의 기업들이 하나의 기업으로 합쳐지는 것을 말함	M&A (merger and acquisition)
13. 전쟁, 재해, 공황 등으로 경제가 혼란하여 대외적으로 빚 갚기가 어려워진 경우 채무의 이행을 연기하거나 천천히 갚을 수 있도록 요청하는 것. 주체가 국가일 때 사용함	모라토리엄 (moratorium)
14. 미국에서 두 번째로 큰 규모의 전자 거래소. 구글, 애플 등의 IT, 미래 산업 기술, 스타트업 기업이 많음. 대한민국의 코스닥과 같은 곳	나스닥 (NASDAQ)
15. 기업이 임직원에게 일정 수량의 회사 주식을 일정한 가격으로 살 수 있는 권리를 주는 것을 말함	스톡옵션 (stock option)

2장 무역

2주차 1일차 2장 무역

1. 어떤 어휘가 있을까요?

	어휘	영어	중국어	일본어	베트남어
1	가공	processing	加工	加工	sự gia công
2	거래	trade, deal	交易	取引き	sự giao dịch
3	공정	fair	公正	公正	sự công bằng
4	관세	tariff	关税	関税	thuế quan
5	나화물	unpacked cargo	裸装货	裸貨物	hàng hóa không đóng gói
6	내항선	coaster vessel	沿海贸易船	内航船	tàu thuyền cập cảng
7	누손	leakage	漏损	漏洩	sự rò rỉ thiệt hại
8	덤핑	dumping	抛售	ダンピング	sự bán xả hàng
9	독점	monopoly	垄断	独占	sự độc quyền
10	만기일	date of maturity	期限	満期日	ngày mãn hạn
11	만재 화물	full container load	整箱货	満載貨物	chở đầy hàng hóa
12	매도	seller	出售	売(り)渡し	việc bán
13	매입	purchase	买进	買い入れ	việc mua
14	면세	duty free	免税	免税	sự miễn thuế
15	면책	exception	免责	免責	sự miễn trách nhiệm
16	명세서	specification	明细	明細書	bản ghi chi tiết
17	물류	distribution, logistics	物流	物流	hậu cần, logistics
18	민간 인증	private attestation	私人认证	民間認証	xác nhận tư nhân
19	밀무역	smuggling of goods	走私, 非法交易	密貿易	buôn lậu
20	반송 물품	returned goods	退货	返品品	hàng gửi trả lại

2. 문장 안에서 어떻게 쓰일까요?

1	가공	• 통조림 토마토, 통조림 참치 등의 가공식품은 색소, 방부제, 향료 등이 들어있어 건강에 좋지 않다고 한다.
2	거래	• 온라인 쇼핑 거래는 매년 꾸준히 증가하여 작년에는 거래액이 사상 처음으로 200조 원을 넘었다.
3	공정	• 이번에 시작하는 오디션 프로그램은 공정을 기하기 위해 시청자 투표의 비중을 높였다.
4	관세	• 해외에 공장을 설치하여 제품을 생산하면 관세를 줄일 수 있다.
5	나화물	• 대리석, 자동차 등 포장되지 않은 운송 물품을 나화물이라고 한다.
6	내항선	• 국내 항로를 오가는 내항선 선원의 고령화가 심각해 대책 마련이 시급하다.
7	누손	• 해상 운송하던 중 포도주가 포장 용기에서 새어 나와 누손이 발생했다.
8	덤핑	• 국제 무역에서 경쟁에서 이기기 위해 국내의 생산비나 판매 가격보다 싼 값으로 수출하는 것을 덤핑이라고 한다.
9	독점	• 해외 기업이 독점 생산하던 기계 부품을 한국의 기업이 개발하였다.
10	만기일	• 여권 만기일이 얼마 남지 않아 다시 여권을 만들어야 한다.
11	만재 화물	• 배에 안전하게 실을 수 있는 한도까지 차운 짐을 만재 화물, 또는 만선이라고 한다.
12	매도	• 이번 연말까지 주식 시장에서 고액의 매드가 이어질 것으로 예상된다.
13	매입	• 그 회사가 경쟁 업체의 주식을 매입함으로써 최대 주주가 되었다.
14	면세	• 관세법에 따르면 술 1ℓ(1병·400달러 이하), 담배 열 갑, 60mℓ 이하의 향수는 면세 반입이 허용된다.
15	면책	• 빚을 갚을 능력이 없는 경우 법원에 면책 신청이 가능하지만 모든 파산자가 면책을 받을 수 있는 것은 아니다.
16	명세서	• 명세서란 물품이나 금액 등의 내용을 분명하고 자세히 써 놓은 문서로, 급여 명세서, 거래 명세서 등이 있다.
17	물류	• 물류란 물건이나 서비스를 이동, 위치시키는 것을 말하는데, 이를 위한 비용에는 운송비, 포장비, 보관비가 포함된다
18	민간 인증	• 공인 인증 대신에 다양한 민간 인증을 사용할 수 있게 되면서 업무가 편리해졌다.
19	밀무역	• 나라의 허가를 받지 않고 불법으로 몰래 거래하는 밀무역은 현재도 세계 곳곳에서 행해지고 있다.
20	반송 물품	• 환불 또는 반송 물품에 대한 문의는 고객 센터에 해야 한다.

3. 알맞은 어휘는 무엇일까요?

1) 다음 초성으로 된 어휘를 사용해서 문장을 완성하세요.

가	ㄷㅍ	그 나라의 제품이 (　　) 수입돼 국내 산업이 피해를 보았다.
나	ㄴㅎㅅ	(　　)은/는 국내 항구 사이를 운항하므로 관세법의 적용을 받지 않는다.
다	ㅂㅅ ㅁㅍ	외국의 한 온라인 쇼핑몰에서 비싼 물건들을 샀다가 환불 요청을 한 후 돈만 받고 (　　) 상자에 쓰레기를 담아 보낸 사람이 경찰에 잡혔다고 한다.

2) 다음 어휘의 알맞은 의미를 연결하세요.

가. 가공 •		• ① 가게나 시장, 주식에서 소유권을 파는 것을 말함
나. 나화물 •		• ② 해상 운송 도중 누출에 의한 손해를 말함
다. 누손 •		• ③ 정해 놓은 기한이 다 되는 날
라. 매도 •		• ④ 포장하지 않아서 한 개씩 셀 수 있는 운반 물품
마. 만기일 •		• ⑤ 원자재나 반제품을 처리하여 새롭게 만드는 것을 말함

3) 다음 〈보기〉에서 알맞은 어휘를 찾아 문장을 완성하세요.

보기

거래	독점	명세서	면세	밀무역

가. 한국에서 2000년대에 단속에 걸린 (　　)의 주요 품목은 참깨, 고추 등의 농산물과 마약류, 명품을 모조한 가짜 상품 등이다.

나. 문화 콘텐츠, 방송 등을 수입하는 경우에는 90% 이상 (　　) 계약 형태로 이루어진다.

다. 근로자에게 주는 임금 (　　)에는 임금의 항목, 계산 방법, 공제 내역이 포함되어 있다.

정답

1) 가. 덤핑　나. 내항선　다. 반송 물품
2) 가. ⑤　나. ④　다. ②　라. ①　마. ③
3) 가. 밀무역　나. 독점　다. 명세서

2주차 2일차 2장 무역

1. 어떤 어휘가 있을까요?

	어휘	영어	중국어	일본어	베트남어
1	반출	carrying out	(向外部) 搬出, 运出	搬出	sự xuất đi
2	벌크선	bulk carrier	散装货轮	バルクカーゴ	vận tải hàng rời
3	병행 수입	parallel import	平行进口	並行輸入	nhập khẩu song song
4	보복 관세	retaliatory duty	报复性关税	報復関税	thuế quan trả đũa
5	부두	quay, wharf	码头	埠頭	bến cảng
6	분쟁	dispute	纠纷	紛争	sự phân tranh
7	분할 선적	partial shipment	分期装船	一部積出し	giao hàng từng phần
8	삼각 무역	triangular trade	三角贸易	三角貿易	thương mại tam giác
9	선복	freight space	船舱	船腹予約	thân tàu
10	세관	customs	海关	税関	hải quan
11	손모량	loss amount	损耗量	損耗量	liều lượng hao hụt
12	송금	remittance	汇款	送金	chuyển tiền
13	송장	invoice	运单	送り状	vận đơn
14	수송	transport	输送	輸送	sự vận chuyển
15	수탁자	bailee	受托人	受託者	người ủy thác
16	신용장	L/C letter of credit	信用证	信用状	thư tín dụng
17	실세 환율	real rate	实际汇率	実勢為替レート	tỷ giá hối đoái thực tế
18	안벽	pier	码头	岸壁	ke, cầu tàu
19	암호화	encryption	加密	暗号化	sự mật mã hoá
20	암호 화폐	cryptocurrency	加密货币	暗号貨幣	tiền điện tử

2. 문장 안에서 어떻게 쓰일까요?

1	반출	• 간송 전형필 선생은 해외에 불법으로 반출된 문화재를 사들여 미술관을 세웠다.
2	벌크선	• 조선소에서 이번에 초대형 벌크선을 만들었다.
3	병행 수입	• 일반 수입업자가 여러 유통 경로로 물건을 들여와 판매하는 것을 병행 수입이라고 한다.
4	보복 관세	• 어떤 나라가 자기 나라의 수출품에 대하여 지나치게 높은 관세를 부과하면 이를 복수하기 위해 그 나라의 수입품에 보복 관세를 부과한다.
5	부두	• 배를 탈 승선 시간이 되자 사람들이 부두로 몰려들었다.
6	분쟁	• 두 나라는 오랫동안 영토 문제로 인해 분쟁을 계속해 왔다.
7	분할 선적	• 분할 선적 금지란 계약한 물품을 두 번 이상으로 나누어 운송하는 것을 금지하는 것을 말한다.
8	삼각 무역	• 삼각 무역은 세 나라나 지역 사이에 이르어지는 무역이다.
9	선복	• 배에서 짐을 싣는 부분을 선복이라고 한다.
10	세관	• 세관은 공항, 항만, 국경 지대에 설치되어 여행자들이 가지고 다니는 물건이나 수출입 물품에 대한 단속과 관세에 관한 일을 한다.
11	손모량	• 손모량이란 수출품을 생산하면서 발생한 원재료의 손실량을 말하는데, 불량품 생산에 들어간 원재료의 손실은 포함되지 않는다.
12	송금	• 직접 은행에 가지 않아도 인터넷을 이용해 해외 송금을 할 수 있다.
13	송장	• 물품 발송 업체에서 물품을 받는 사람에게 송장 번호를 알려준다.
14	수송	• 기차, 자동차, 배, 비행기 등 모든 것이 수송에 활용된다.
15	수탁자	• 수탁자는 다른 사람의 재산을 대신 관리해 주는 개인이나 단체를 말한다.
16	신용장	• 특정 은행이 수입하는 사람을 대신해서 물품의 값을 지불하겠다는 증서를 신용장이라고 한다.
17	실세 환율	• 정부에서 인위적으로 정한 환율은 공정 환율, 또는 고정 환율이라고 하고, 자유 시장에서 형성된 환율은 실세 환율이라고 한다.
18	안벽	• 항만이나 운하의 옆쪽에 배를 대기 좋게 쌓은 벽을 안벽이라고 한다.
19	암호화	• 코딩된 알고리즘을 통해 정보를 보호하는 방식의 암호화는 암호 해독키를 가진 사람만이 볼 수 있다.
20	암호 화폐	• 암호 화폐란 암호화 기술을 사용하여 만든 디지털 화폐, 또는 가상 화폐를 말한다.

3. 알맞은 어휘는 무엇일까요?

1) 다음 초성으로 된 어휘를 사용해서 문장을 완성하세요.

가	ㅂㅎ ㅅㅈ	물건을 운송할 때 너무 많거나 선적 공간이 좁으면 ( )을/를 한다.
나	ㅅㄱ	해외에서 800달러 이상의 물건을 구입한 사람은 ( )에 신고해야 한다.
다	ㅅㅇㅈ	원활한 무역 거래 대금의 결제를 위해 은행은 거래처의 요청으로 ( )을/를 발행한다.

2) 다음 어휘의 알맞은 의미를 연결하세요.

가. 실세 환율 •
나. 삼각 무역 •
다. 손모량 •
라. 송장 •
마. 벌크선 •

• ① 철강, 곡물, 석탄, 원유 등을 포장하지 않고 그대로 실을 수 있도록 특별히 설계된 배를 말함
• ② 수출품을 생산하는 과정에서 생기는 원재료의 손실량
• ③ 자유 외환 시장에서 형성된 환율을 말함
• ④ 두 나라의 수입과 수출이 균형을 잃을 때, 제3국을 무역에 동참하게 하는 것
• ⑤ 매매 상품을 먼 곳으로 보낼 때 물건을 받을 사람에게 보내는 상품의 명세서

3) 다음 〈보기〉에서 알맞은 어휘를 찾아 문장을 완성하세요.

보기

부두　　병행 수입　　송금　　수송　　수탁자

가. 개인이나 단체의 재정과 자산 관리를 맡아서 하는 ( )에는 자금 관리인, 재정 자문인, 은행가, 회계사 등이 있다.
나. 인터넷 뱅킹을 이용해 다른 은행에 ( )을/를 했다.
다. MZ 세대가 즐기는 신명품의 수요가 늘면서 ( ) 시장도 확대되고 있다.

정답

1) 가. 분할 선적　나. 세관　다. 신용장
2) 가. ③　나. ④　다. ②　라. ⑤　마. ①
3) 가. 수탁자　나. 송금　다. 병행 수입

2주차 3일차 2장 무역

1. 어떤 어휘가 있을까요?

	어휘	영어	중국어	일본어	베트남어
1	야하역	night work	夜间装卸	夜間の船積み作業	dỡ hàng hóa vào ban đêm
2	양륙 화물	landed cargo	卸岸货物	陸揚げ貨物	bốc dỡ hàng hóa
3	양하	discharging	卸岸,下船	荷揚げ	dỡ hàng
4	영해	territorial sea	领海	領海	lãnh hải
5	완제품	finished goods	成品	完成品	thành phẩm
6	외화	foreign currency	外汇	外貨	ngoại tệ
7	용역	service	劳务	用役	dịch vụ
8	운송장	waybill	运单	運送状	chứng từ vận tải
9	운임	freight	运费	運賃	phí vận chuyển
10	원료	raw material, material	原料	原料	nguyên liệu
11	원산지	the place of origin	原产地	原産地	nơi sản xuất
12	원자재	raw material	原材料	原材料	nguyên vật liệu
13	위부	abandonment	委付	委付	sự phó thác
14	위탁	consignment	委托	委託	sự ủy thác
15	유류 할증료	bunker adjustment factor:BAF	燃油附加费	燃料割増料	phụ phí biến động giá nhiên liệu
16	유보금	retention money	保留资金	留保金	số tiền giữ lại
17	유통	circulation, currency	流通	流通	sự lưu thông
18	인도	delivery	移交	引渡	giao hàng
19	인지세	stamp duties	印花税	印紙税	thuế tem
20	임대	lease	租赁	賃貸	sự cho thuê

2. 문장 안에서 어떻게 쓰일까요?

1	야하역	• 밤에 짐을 싣고 내리는 야하역은 시간 외 작업이므로 추가비용을 부담해야 한다.
2	양륙 화물	• 무역 거래에서 배에 실려 있다가 절차를 거친 후 육상으로 운반되는 짐을 양륙 화물이라고 한다.
3	양하	• 양하는 배에서 물건을 내리는 것을 말하는데, '짐 나르기'라고도 한다.
4	영해	• 해군이 영해를 침범한 외국 국적의 선박을 발견했다.
5	완제품	• 마약을 초콜릿 완제품으로 포장하거나 커피 봉투, 영양제 통 등에 숨겨 밀반입한 사람들이 경찰에 잡혔다.
6	외화	• 한국 정부는 1970년대에 실업 문제 해소와 외화 획득을 위해 독일에 간호사와 광부를 보냈다.
7	용역	• 가치를 지닌 물품은 재화, 가치를 지닌 서비스는 용역이라고 한다.
8	운송장	• 택배 상자를 버릴 때에는 운송장 스티커를 제거해야 한다.
9	운임	• 국제 유가가 오르면서 철도와 항공 등의 운임도 따라 올랐다.
10	원료	• 장미와 아카시아 꽃 등은 화장품의 원료로 쓰인다.
11	원산지	• 음식점에서는 원산지를 손님들이 쉽게 알아볼 수 있도록 메뉴판이나 게시판에 표시해야 한다.
12	원자재	• 원자재 값의 상승은 제품가의 상승으로 이어지는데 이렇게 되면 경쟁력이 떨어진다.
13	위부	• 위부는 배로 물품을 옮기는 중 문제가 생겨 발생한 손해에 대해 보험 금액을 청구할 수 있는 해상 보험 제도이다.
14	위탁	• 화장품 같은 액체류는 소량만 기내 반입이 가능하기 때문에 위탁 수화물로 보내야 한다.
15	유류 할증료	• 유류 할증료는 항공사별로 가격이 다르다.
16	유보금	• 유보금이란 공사에 문제가 생겼을 때를 대비하여 계약 금액의 일부를 지급하지 않고 가지고 있는 돈을 말한다.
17	유통	• 2023년부터 소비자에게 판매할 수 있는 '유통 기한' 대신 섭취 가능 기한을 알려 주는 '소비 기한'이 표기되었다.
18	인도	• 해상이나 항공으로 들어오는 물품을 받아 운송하려면 인도 지시서가 필요하다.
19	인지세	• 계약서에 서명을 한 후에 계약서 뒤에 정부가 발행한 인지를 붙이는데, 이는 인지세를 납부했다는 것을 증명하는 것이다.
20	임대	• 임대란 돈을 받고 자기의 물건을 빌려주는 것인데, 부동산뿐만 아니라 기계, 자동차, 카메라, 의류 등도 임대가 가능하다.

3. 알맞은 어휘는 무엇일까요?

1) 다음 초성으로 된 어휘를 사용해서 문장을 완성하세요.

가	ㅇㅇ	유가 상승은 항공 연료에도 영향을 미쳐 비행기의 ( )이/가 올랐다.
나	ㅇㅌ	식품위생법을 어기고 건강 기능 식품을 불법 ( )한 회사가 적발됐다.
다	ㅇㄷ	수입 물품을 싣고 들어온 비행기나 선박에서 물품을 ( )하려면 여러 가지 서류가 필요하다.

2) 다음 어휘의 알맞은 의미를 연결하세요.

가. 영해 •
나. 용역 •
다. 운송장 •
라. 원산지 •
마. 인지세 •

• ① 한 나라의 통치권이 미치는 바다를 말함
• ② 물건을 실어 보내는 경우 그 내용을 기재한 문서
• ③ 국세 중 하나로, 문서를 발행할 때 내는 세금
• ④ 재화에 대비되는 개념. 생산이나 소비에 필요하며 인간의 욕구를 충족시켜 주는 비물질적 활동을 말함
• ⑤ 어떤 물건이 생산된 곳

3) 다음 〈보기〉에서 알맞은 어휘를 찾아 문장을 완성하세요.

보기

야하역	완제품	원자재	유류 할증료	임대

가. 기업들은 상품 경쟁력을 높이기 위해 값싼 노동력과 (   )을/를 가진 외국으로 진출하고 있다.

나. 내가 다니는 회사는 부품을 수입해서 조립하여 (   )을/를 만든 후 외국에 재수출한다.

다. 오전 8시 30분부터 오후 4시 30분까지 배에 짐을 싣고 내리는 것은 주하역, 그 이후부터 다음날 아침까지는 (   )(이)라고 한다.

정답

1) 가. 운임 나. 유통 다. 인도
2) 가. ① 나. ④ 다. ② 라. ⑤ 마. ③
3) 가. 원자재 나. 완제품 다. 야하역

2주차 4일차 2장 무역

1. 어떤 어휘가 있을까요?

어휘		영어	중국어	일본어	베트남어
1	입찰	bid	投标	入札	đấu thầu
2	자가 인수	shipside delivery	船边提货	自己引取	giao hàng tận nơi
3	자사선	owned vessel	私有船只	自社船	tàu sở hữu
4	자유 무역 지구	free port district	自由贸易区	自由貿易地域	khu vực tự do mậu dịch
5	저작권	copyright	著作权	著作権	bản quyền
6	적재	loading	装载	積載	sự tải hàng hóa
7	적출	devanning	拆箱	抽出	sự tách dỡ hàng hóa
8	전도금	advanced payment	预付款	前渡金	tiền tạm ứng
9	전손	total loss	全损	全損	tổng thiệt hại
10	정박 기간	laydays	停泊时间	停泊期間	thời gian xếp dỡ hàng hóa
11	제조 원가	manufacturing costs	制造成本	製造コスト	giá thành sản xuất
12	제품 환매	buy back trade	商品回购	製品買い戻し	mua bán đối lưu
13	중개 무역	merchandising trade	中介贸易	仲介貿易	môi giới thương mại
14	중계 무역	intermediate trade	中间贸易	中間貿易	trung gian thương mại
15	지체료	detention charge	滞留费	遅滞料	phí lưu container tại kho
16	차대	chassis	车架	シャーシ	khung gầm xe
17	차변표	debit note	借记单	借方表	giấy báo nợ
18	착선 통지	arrival notice	到达通知	船積通知	giấy báo hàng đến
19	착하 견본	outturn sample	到货样品	着荷見本	mẫu hàng tham khảo
20	창고	warehouse	仓库	倉庫	kho

2. 문장 안에서 어떻게 쓰일까요?

1	입찰	• 공개 입찰에서 가장 낮은 가격을 써낸 회사가 낙찰되었다.
2	자가 인수	• 배에서 물품을 인도받는 사람이 자신의 책임하에 짐을 직접 넘겨받는 것을 자가 인수라고 한다.
3	자사선	• 그 회사는 직접 소유한 자사선 2척과 용선 30척을 운항하고 있다.
4	자유 무역 지구	• 자유 무역 지구에서는 짐을 보관, 조립하는 작업은 할 수 있지만 가공하거나 제조하는 일은 할 수 없다.
5	저작권	• 창작물에 대한 법적 권리인 저작권은 산업 재산권, 신지식 재산권과 함께 지식 재산권의 대표적 권리 중 하나이다.
6	적재	• 이번에 새로 출시된 차는 적재 능력이 커서 캠핑을 즐기는 사람들에게 인기가 많다.
7	적출	• 적출이란 운송되어 쌓여 있는 물품을 밖으로 꺼내는 작업을 말한다.
8	전도금	• 한 회사의 사업장이 여러 곳에 있을 때에는 사업장의 운영을 위해 본사에서 인건비, 공공요금, 통신비 등의 전도금을 보내 준다.
9	전손	• 보험 목적물의 전체가 파손, 또는 소실되어 그 시장 가격을 상실할 때를 전손이라고 한다.
10	정박 기간	• 정박 기간은 '며칠' 또는 '몇 시간'으로 표시하기도 하며, 또 '하루 몇 톤'이라고도 표시한다.
11	제조 원가	• 원유 가격 인상과 에너지, 물류비용, 환율 등의 상승으로 제조 원가가 급등해 가공 우유의 가격이 올랐다.
12	제품 환매	• 제품 환매란 기술을 수출한 국가가 그 기술로 생산된 제품을 다시 수입하는 것을 말한다.
13	중개 무역	• 수출국과 수입국의 중간에서 제3의 국가나 기업이 개입하여 무역이 이루어지는 것을 중개 무역이라고 한다.
14	중계 무역	• 수입한 물품을 국내에 반입하지 않고 원상태 그대로 수출하는 중계 무역은 수입대금과 지급 금액의 차액을 취한다
15	지체료	• 정부는 전쟁으로 인해 수출한 물품이 국내로 회항하거나 대체 목적지로 운항할 때 운송비와 지체료를 일부 지원하기로 했다.
16	차대	• 자동차가 생산될 때 차대 번호를 받는데, 이 번호는 폐차될 때까지 변경되지 않는다.
17	차변표	• 차변표는 발행인이 전표에 기재된 금액의 채권을 상대방에게 통지할 때 사용한다.
18	착선 통지	• 착선 통지를 통해 수입 물품을 언제 받을 수 있고, 어느 배에 실려 있는지 알 수 있다.
19	착하 견본	• 착하 견본은 보통 판매자가 제공하거나, 구매자가 도착한 본선에서 선정한다.
20	창고	• 배달 트럭이 후진하다가 창고 안에 보관 중이던 와인 200병 정도를 파손했다.

3. 알맞은 어휘는 무엇일까요?

1) 다음 초성으로 된 어휘를 사용해서 문장을 완성하세요.

가	ㅈㅈㄱ	(　　)은/는 창작물을 만든 사람의 노력과 가치를 인정하고, 저작자의 권리를 보호하고자 하는 것이다.
나	ㅈㅍ ㅎㅁ	자동차 생산비와 원가 절감을 위해 (　　)을/를 시행하는 경우 국내 부품 업체와 노동자들의 생존권이 위협받을 수 있다.
다	ㅊㄱ	농산물을 보관하는 (　　)에 화재가 발생했다가 한 시간 만에 진화되었다.

2) 다음 어휘의 알맞은 의미를 연결하세요.

가. 입찰 •
나. 적재 •
다. 제조 원가 •
라. 지체료 •
마. 착하 견본 •

• ① 물품이나 짐을 선박, 차량 등의 운송 수단에 싣는 것을 말함
• ② 도착된 물품 중에서 품질 상태를 조사하기 위해 선정된 물품을 말함
• ③ 빌린 물건을 정해진 기간 내에 반환하지 않을 때 지불해야 되는 돈
• ④ 제품을 만들 때 직접, 간접적으로 들어가는 모든 돈
• ⑤ 상품 매매나 작업에 대한 계약을 할 때 여러 희망자들에게 각자의 희망 가격을 서면으로 제출하게 하는 일을 말함

3) 다음 〈보기〉에서 알맞은 어휘를 찾아 문장을 완성하세요.

보기

자사선	전손	중개 무역	착선 통지	차변표

가. 폭우로 인한 침수 (　　) 차량은 거래할 수 없고 일괄 폐차한다.
나. (　　) 업자는 직접 물품을 거래하지 않고, 수출자와 수입자를 연결시켜 준 후 중개 수수료를 받는다.
다. 빌려서 운항하는 선박이 아닌, 회사가 직접 소유한 선박을 (　　)(이)라고 한다.

정답

1) 가. 저작권　나. 제품 환매　다. 창고
2) 가. ⑤　나. ①　다. ④　라. ③　마. ②
3) 가. 전손　나. 중개 무역　다. 자사선

2주차 5일차 2장 무역

1. 어떤 어휘가 있을까요?

	어휘	영어	중국어	일본어	베트남어
1	창하 증권	warehouse receipt	仓储收据	倉荷証券	biên lai kho
2	철도 운송장	rail consignment note	铁路运送单	鉄道貨物受託書	chứng từ vận tải đường sắt
3	청약	subscription	订购	請約	sự chấp thuận
4	체선료	demurrage	(船舶)滞留费	滞船料	phí lưu container tại bãi của Cảng
5	최혜국	most favored nation	最大受益国	最恵国	tối huệ quốc
6	추심	collection	讨收	取り立て	sự lấy lại
7	컨테이너	container	集装箱	コンテナ	công ten nơ
8	클레임	claim	索赔	クレーム	yêu cầu bồi thường
9	탁송품	consignment	托运货物	託送品	hàng ký gửi
10	탄력 관세	flexible tariff	灵活关税	弾力関税	tính linh hoạt của thuế
11	통관	customs clearance	通关	通関	sự thông quan
12	특허권	patent	专利权	特許権	quyền sở hữu trí tuệ
13	편무역	one-way trade	单向贸易	片貿易	mậu dịch một chiều
14	하역	cargo handling	装卸货物	荷役	sự xếp dỡ hàng
15	하자 보증	maintenance bond	维修保证	扶養保証	trái phiếu duy trì
16	항세	port rates	港务税	港税	thuế cảng
17	해적 행위	piracy	海盗行径	海賊行為	hải tặc
18	협정	accord	协定	協定	hiệp định
19	화물	cargo	货物	貨物	hàng hóa
20	환적	transshipment	转运	積み換え	trung chuyển

2. 문장 안에서 어떻게 쓰일까요?

1	창하 증권	• 창하 증권이란 창고업자가 물건을 맡아 보관하고 있음을 나타내어 발행하여 주는 유가 증권을 말한다.
2	철도 운송장	• 철도로 짐을 운송할 때 철도 운송장을 발행한다.
3	청약	• 주택 청약 제도는 청약 통장을 만들어 꾸준하게 예금을 하면 당첨 등에 의해 주택을 분양받을 수 있는 제도이다.
4	체선료	• 짐 때문에 배를 빌려 쓰는 사람이 약속한 정박 기간이 지났을 때는 선주에게 추가로 체선료를 내야 한다.
5	최혜국	• 최혜국 대우를 박탈당하는 경우 그 나라에서 들여오는 수입품의 관세가 높아지게 된다.
6	추심	• 불황이 길어지면서 빚을 못 갚는 사람을 협박하는 '불법 추심' 피해 신고 건수가 급증했다.
7	컨테이너	• 컨테이너에 물품을 넣어 운송하면 운반이 편하며, 안에 있는 짐을 보호할 수 있다.
8	클레임	• 무역 거래에서 수량 · 품질 · 포장 등에 계약 위반 사항이 있는 경우 손해 배상을 청구하는 등 클레임을 제기한다.
9	탁송품	• 여행자가 출국하면서 휴대품과 별도로 보내는 물품은 별송품, 출국하지 않고 보내는 물품은 탁송품이라고 한다.
10	탄력 관세	• 탄력 관세는 외국의 불공정 무역에 대응하, 그 나라의 수입품에 대해 필요에 따라 세율을 인상 또는 인하할 수 있는 관세이다.
11	통관	• 수입 물품은 세관을 거쳐 통관되며, 법률에 따른 절차가 필요하다.
12	특허권	• 특허권은 최초로 발명을 한 사람에게 일정 기간 독점적으로 이용할 수 있는 권리를 주는 것이다.
13	편무역	• 편무역이 과도하게 일어나면 수입국과 수출국의 마찰이 일어나기 쉽다.
14	하역	• 하역이란 물건 수송 과정에서 물건을 싣고 내리는 모든 운반 활동을 말한다.
15	하자 보증	• 무역에서 하자 보증이란 수입 물품에 문제가 생긴 경우에 수출자의 책임으로 보상하는 것을 말한다.
16	항세	• 항만 시설의 보수 및 유지를 위해 수출입 화물에 항세를 부과한다.
17	해적 행위	• 한국 해군이 홍해, 아덴 만, 소말리아 분지, 인도양 등 공해 지역의 해적 행위 소탕 작전 지휘에 나설 예정이다.
18	협정	• 유럽에서 쇼핑을 한 후 유럽 원산지 증명을 하면 FTA 협정에 따라 입국할 때 관세를 면세 받을 수 있다.
19	화물	• 화물을 운송하는 선박은 크게 컨테이너선과 벌크선으로 나눌 수 있다.
20	환적	• 부산항은 세계 2위 환적 항이고, 세계 7의의 컨테이너 항만이다.

3. 알맞은 어휘는 무엇일까요?

1) 다음 초성으로 된 어휘를 사용해서 문장을 완성하세요.

가	ㅊㅇ	이번에 새로 선보이는 아파트는 다음 주부터 (　　) 접수를 받을 예정이다.
나	ㅋㄹㅇ	한 중소기업이 수출 제품에 문제가 생겨 바이어가 제기한 (　　)에 보상을 해 주고 빚더미에 앉게 되었다.
다	ㅎㅈ	FTA는 두 국가 사이에서 상품이나 서비스 무역에 대한 관세 및 무역 장벽을 없애고 서로 특혜를 부여하는 자유 무역(　　)이다.

2) 다음 어휘의 알맞은 의미를 연결하세요.

가. 최혜국 •
나. 탁송품 •
다. 편무역 •
라. 항세 •
마. 환적 •

• ① 항구를 통해 수출입을 하는 화물에 대하여 부과하는 세금
• ② 무역 거래를 하는 양국 중 한 국가의 수출 또는 수입이 초과되는 것
• ③ 화물 운송 중 목적지가 아닌 항구에서 다른 선박에 화물을 옮겨 싣는 것
• ④ 직접 운송하는 것이 아닌, 따로 보내는 물품
• ⑤ 통상 조약을 맺은 여러 나라 가운데에서 가장 유리한 대우를 받는 나라

3) 다음 〈보기〉에서 알맞은 어휘를 찾아 문장을 완성하세요.

보기

화물	통관	특허권	하역	체선료

가. 최근 폭설과 같은 자연재해로 인한 물류 지연으로, 선박의 국내 도착 뒤 대기 시간이 길어지면서 예기치 못한 (　　) 발생이 증가하는 추세이다.
나. 철도, 화물 자동차, 항공기 등의 화물을 싣고 내리는 것을 (　　)(이)라고 한다.
다. (　　) 유효 기간은 등록한 날부터 출원일 후 20년이 되는 날까지이다.

정답
1) 가. 청약　나. 클레임　다. 협정
2) 가. ⑤　나. ④　다. ②　라. ①　마. ③
3) 가. 체선료　나. 하역　다. 특허권

4. 다음 글을 읽어 볼까요?

1세대, 2세대 국제 무역 이론

20세기 초반 국가들의 무역 형태를 보면 자국에서 생산하지 못하는 물건을 수입하는 형태를 보인다. 예를 들어 유럽 국가들은 인도에서만 생산되는 향료를 수입하려고 했다. 1910년대 산업 혁명 국가인 영국은 제조업 상품을 주로 수출하고 비제조업 상품을 수입했다. 비슷한 국가들과 무역할 이유가 특별히 없었다. 이것을 '1세대 국제 무역'이라고 한다.

데이비드 리카도(David Ricardo)의 '비교우위론', 헥셔-올린(Heckscher-Ohlin)의 '무역이론' 등에서는 '1세대 국제 무역 이론'은 각 국가들이 서로 다른 특성을 지녔기 때문에 무역을 한다고 말한다. 즉, 각 국가의 기술이나 보유 자원 등이 같거나 유사할 때는 무역이 발생하지 않는다는 것이다.

1910년대의 영국은 비유럽 국가들과 주로 무역했으나 현재 영국은 유럽 국가들과 무역하는 비중이 높다. 또 비슷한 산업 구조를 가진 나라들끼리 무역을 한다. 예를 들면 A 국가에서 생산하는 자동차와 B 국가에서 생산하는 자동차를 A, B 국가 모두 수출도 하고, 수입도 한다. 즉, 자국의 자동차를 수출하지만 다른 나라의 자동차를 수입하기도 하는 것이다.

이렇듯 오늘날의 무역 형태를 보면 '비슷한 국가끼리 무역'하거나, '서로 같은 산업 내 무역', '같은 산업에 속해 있지만 차별화된 상품을 수출입'하는 것을 볼 수 있다. 이런 무역의 새로운 형태를 설명하기 위해 1970년대 후반부터 폴 크루그먼(Paul Krugman)이 신무역 이론을 개발하였고, 엘하난 헬프먼(Elhanan Helpman), 진 그로스먼(Gene Grossman)이 여러 연구를 통해 '2세대 국제 무역 이론'을 만들었다.

1) 위의 내용과 같으면 O, 다르면 X 하세요.

가. 데이비드 리카도(David Ricardo)는 각국이 가진 기술이나 보유 자원 등이 같을 때 무역이 발생한다고 말했다. (　　)

나. 1910년대 영국은 주로 유럽 국가들과 무역했다. (　　)

2) 비슷한 산업 구조를 가진 나라들끼리 무역을 하는 대표적인 예를 설명해 보세요.

정답

1) 가. X　나. X

2) 한국과 미국의 스마트폰 수출과 수입

핵심 요약

[국제 무역 이론]

1세대 국제 무역 이론

- 산업 간 무역
- 각 국가가 서로 다른 특성을 지녔기 때문에 무역을 한다.

예 유럽 국가들이 인도에서만 생산되는 향료 수입

2세대 국제 무역 이론

- 산업 내 무역
- 비슷한 산업 구조를 가진 나라들끼리 무역을 한다.

예 자국의 자동차를 수출하고, 다른 나라의 자동차를 수입

MEMO

2주차 6일차 2장 경영, 경제

더 배워 볼까요?

알아 놓으면 유용한 무역 협정

1. GATT

General Agreement on Tariffs and Trade
관세 및 무역에 관한 일반 협정

- 1947년 제네바에서 미국을 비롯한 23개국이 참여, 1948년 1월에 발효된 무역 협정
- 비 차별성을 강조. 즉 가장 혜택을 입는 국가에 적용되는 조건이 모든 다른 국가에도 적용된다는 것
- 한국은 1967년 4월 1일 정식 가입
- 1994년 WTO(세계무역기구)가 만들어지면서 협정 국가들이 WTO로 편입됨

2. FTA

Free Trade Agreement
자유 무역 협정

- 국가 간의 자유로운 무역을 위해 무역 장벽, 즉 관세 등의 여러 보호 장벽을 철폐하기로 한 협정
- 협정 국가 간에는 서로 저렴한 비용으로 제품을 수출입할 수 있음

3. NAFTA

North American Free Trade Agreement
북미 자유 무역 협정

- 캐나다, 멕시코, 미국 사이에 1992년에 체결된 자유 무역 협정
- 3국 간 노동과 자본의 자유로운 이동, 동일한 노동법 적용
- 15년 이내 관세 및 수입 제한 철폐 등의 내용이 담김

4. TPP

Trans-Pacific Partnership agreement
환태평양 경제 동반자 협정

- 아시아·태평양 지역 경제의 통합을 목표로 공산품, 농업 제품을 포함한 모든 품목의 관세를 없애기로 함
- 정부 조달, 지적 재산권, 노동 규제, 금융, 의료 서비스 등의 모든 비관세 장벽을 없애고 자유화하는 협정

5. TTIP

Transatlantic Trade and Investment Partnership
범대서양 무역 투자 동반자 협정

- 미국과 유럽 연합(EU) 사이에 논의가 진행되고 있는 자유 무역 협정
- 2013년 2월 13일 버락 오바마 미국 대통령이 의회 국정 연설에서 제시하면서 협상이 시작됨

6. WTO

World Trade Organization
세계 무역 기구

- GATT 체제를 대체하기 위해 만들어짐
- 세계 무역 장벽을 낮추고 국가 간의 원활하고 자유로운 무역을 보장하고 지원하는 것을 목적으로 함

3장 관광, 호텔, 부동산

3주차 1일차 3장 관광, 호텔, 부동산

1. 어떤 어휘가 있을까요?

	어휘	영어	중국어	일본어	베트남어
1	가구	household	家, 户	世帯	hộ, gia đình
2	가압류	provisional attachment	临时扣押	差し押さえ	sự tạm giữ
3	가치재	merit goods	有价财产	価値財	hàng hóa khuyến dụng
4	감정 가격	appraised value	鉴定价格	鑑定価格	giá giám định
5	감정 노동	emotional labor	感情劳动	感情労働	lao động cảm xúc
6	개발 제한 구역	green belt	城市绿化带	緑地帯	vòng đai xanh
7	객실	room	客房	客間	phòng khách
8	경매	auction	拍卖	競売	sự đấu giá
9	계약금	down payment	定金	頭金	tiền đặt cọc
10	고객	guest/customer	顾客, 客户	顧客	khách hàng
11	고정 자산	fixed assets	固定资产	固定資産	tài sản cố định
12	공공시설	public facilities	公共设施	公共施設	cơ sở vật chất công cộng
13	공공 임대 주택	public rental housing	公共租赁住宅	公共賃貸施設	nhà ở xã hội
14	공시 지가	official land price	土地公示价	公示地価	khung giá đất
15	공유지	public land	公有地	公有地	đất công
16	공인 중개사	ceritfied realtor	公认中介	公認仲介士	môi giới nhà đất được cấp phép
17	공증	notarization	公证	公証	công chứng
18	공표 요금	rack rate/Tariff	(酒店)门市价, 挂牌价	公共料金	giá công bố
19	관광 거버넌스	tourism governance	观光治理	観光ガバナンス	quản trị du lịch
20	관광 마케팅믹스	marketing mix in tourism	旅游市场营销组合	観光業におけるマーケティングミックス	marketing du lịch

2. 문장 안에서 어떻게 쓰일까요?

1	가구	• 젊은 세대와 1인 가구는 대부분 직장이 가까운 도심 지역에 거주하는 것으로 나타났다.
2	가압류	• 아버지의 사업 실패로 은행 빚을 갚지 못하자 우리 집이 가압류 되었다.
3	가치재	• 소득과 관계없이 모든 사람에게 필요한 학교 급식, 의무교육, 국립병원, 공공주택 등은 가치재에 해당한다.
4	감정 가격	• 이 아파트의 시세는 감정 가격보다 1억 원이나 낮은 것으로 나타났다.
5	감정 노동	• 대형 마트, 백화점, 비행기 승무원 등 자신의 감정을 나타내면 안 되는 감정 노동 종사자를 보호하기 위한 법안이 통과되었다.
6	개발 제한 구역	• 멸종 위기의 새들이 사는 지역의 개발 제한 구역 해제에 대한 정부와 환경 단체의 입장이 서로 다르다.
7	객실	• 이 호텔은 다음 달까지 조식을 무료로 제공하는 객실 이벤트를 실시한다.
8	경매	• 경매를 통해 건물이나 땅, 산 등을 저렴하게 매입할 수 있다.
9	계약금	• 아파트를 매입할 때는 보통 집값의 10%를 계약금으로 내야 한다.
10	고객	• 국내 여러 호텔에서는 고객을 늘리기 위해 다양한 서비스를 제공하고 있다.
11	고정 자산	• 기업은 건물, 컴퓨터 장비 및 소프트웨어, 기계, 차량 등의 고정 자산 유형에 투자한다.
12	공공시설	• 엄청난 규모의 지진으로 인해 대부분의 공공시설이 파괴되었다.
13	공공 임대 주택	• 한국토지주택공사는 그 지역에 2026년까지 100세대 규모의 공공 임대 주택을 건립할 계획이다.
14	공시 지가	• 국토교통부에서 운영하는 사이트에서 주택의 공시 지가를 확인할 수 있다.
15	공유지	• 정부는 IT 기업이나 연구소 등이 빈 공유지를 활용할 수 있도록 지원할 것이라고 밝혔다.
16	공인 중개사	• 과거와 달리 젊은 층도 공인 중개사 자격증 취득에 관심이 많다.
17	공증	• 금융 당국은 그동안 외국인 투자 등록을 위해 요구했던 서류의 번역과 공증을 폐지한다고 발표했다.
18	공표 요금	• 호텔의 객실당 기본요금인 공표 요금에는 봉사료 10%와 부가세 10%가 포함되지 않는다.
19	관광 거버넌스	• 그 도시는 지역 관광 활성화를 위한 관광 거버넌스를 형성하여 운영하기로 했다.
20	관광 마케팅믹스	• 유명 연예인과 함께 떠나는 여행 예능 콘텐츠는 관광 마케팅믹스 전략 중의 하나이다.

3. 알맞은 어휘는 무엇일까요?

1) 다음 초성으로 된 어휘를 사용해서 문장을 완성하세요.

가	ㄱㄱ	(　　　)은/는 상품을 구매하거나 서비스를 이용하는 손님을 말한다.
나	ㄱㅈ	공적인 증명인 (　　　)은/는 상호 간 맺은 계약이나 약속에 대한 증거가 된다.
다	ㄱㅁ	그는 (　　　)(으)로 나온 아파트를 구입하는 방법으로 여러 채의 아파트를 소유하게 됐다.

2) 다음 어휘의 알맞은 의미를 연결하세요.

가. 가압류 •
나. 가치재 •
다. 공공시설 •
라. 계약금 •
마. 고정 자산 •

• ① 빚을 진 사람이 자신의 재산을 마음대로 처분하지 못하도록 법적인 조치를 하는 것을 말함
• ② 공공의 이익을 위하여 만들어진 공원, 도로, 철도 등
• ③ 기업이 1년 이상 소유하고 있는 토지, 공장 등과 같은 재산
• ④ 모든 국민에게 최소 수준의 혜택이 가도록 정부가 직접 생산하고 공급하는 재화나 서비스를 말함
• ⑤ 계약이 이루어졌다는 의미로 주는 돈을 의미함

3) 다음 〈보기〉에서 알맞은 어휘를 찾아 문장을 완성하세요.

보기

감정 노동　　공시 지가　　공표 요금　　공인 중개사　　관광 거버넌스

가. 올해 국토교통부가 발표한 (　　　)에 따르면 지난해에 비해 가격이 상승한 곳이 한 곳도 없는 것으로 나타났다.
나. 호텔에서는 매년 마케팅 실적, 다른 경쟁 호텔의 요금 인상률, 인건비 등을 고려해서 (　　　)을/를 정한다.
다. 집이나 건물, 땅을 사고파는 일을 하려면 (　　　) 시험을 보고 자격증을 취득해야 한다.

정답
1) 가. 고객　나. 공증　다. 경매
2) 가. ①　나. ④　다. ②　라. ⑤　마. ③
3) 가. 공시 지가　나. 공표 요금　다. 공인 중개사

3주차 2일차 3장 관광, 호텔, 부동산

1. 어떤 어휘가 있을까요?

	어휘	영어	중국어	일본어	베트남어
1	관광특구	special tourist zone	旅游特区	観光特区	đặc khu du lịch
2	근저당	mortgage	预先抵押	抵当権	khoản thế chấp
3	내부 고객	internal customer	内部顾客	内部顧客	khách hàng nội bộ
4	농지	farmland	农耕地	農地	đất nông nghiệp
5	다중 주택	multi-family house	多户住宅	多世帯住宅	khu căn hộ cho thuê đa gia đình
6	대리인	estate agents	代理人	代理人	người được ủy quyền
7	대중 관광	mass tourism	大众旅游	マスツーリズム	du lịch đại chúng
8	도시 재생	urban regeneration	都市再生	都市再生	sự tái thiết đô thị
9	등기	registration	登记	登記	sự đăng kí
10	리조트	resort	度假村	リゾート地	khu nghỉ dưỡng
11	명당	an auspicious site	风水宝地	縁起の良いところ	vị trí đắc địa
12	명승지	scenic spots	旅游圣地	景勝地	danh lam thắng cảnh
13	문화유산	cultural heritage	文化遗产	文化遺産	di sản văn hóa
14	보증금	security deposit	保证金	敷金	tiền đặt cọc
15	부대시설	facility	附带设施	付帯施設	trang thiết bị phụ trợ
16	부동산	real estate	房地产	不動産	bất động sản
17	부동산 버블	real estate bubbles	房地产泡沫	不動産バブル	bong bóng bất động sản
18	부유세	net wealth tax	净财富税	富裕税	thuế tài sản
19	부지	lot	用地	用地	địa điểm xây dựng
20	분양가	apartment sale price	(土地, 楼房)销售价	分譲価格	giá phân lô

2. 문장 안에서 어떻게 쓰일까요?

1	관광특구	• 이 대학 근처의 거리가 문화예술 관광특구로 지정되면서 인근 지역 상권도 살아나고 있다.
2	근저당	• 이번에 출시된 '안심 전세 앱(APP)'은 아파트 시세뿐만 아니라 계약할 집의 근저당 설정 여부도 알려준다.
3	내부 고객	• 이번에 새로 영업을 시작한 이 호텔은 내부 고객, 즉 호텔 종사자들을 만족시키는 내부 마케팅에 중점을 두고 있다.
4	농지	• 농지 안에 지어진 아파트에 거주하는 주민들은 농지 개발규제로 인한 상업 시설 부족으로 불편을 겪는다.
5	대리인	• 집을 살 때 본인이 아닌 대리인이 계약하려면 도장과 신분증, 위임장 등의 서류가 필요하다.
6	다중 주택	• 학생이나 직장인 등 여러 사람이 장기간 거주할 수 있도록 만든 다중 주택에는 개별 취사 공간이 없다.
7	대중 관광	• 현대 사회에 등장한 대중 관광은 대규모의 사람들이 여행 지역의 환경이나 자연 자원에 대한 고려 없이 저렴한 숙박과 서비스를 즐기는 여행을 말한다.
8	도시 재생	• 그 도시는 노후화가 심각한 전통 시장을 정비하여 상권을 살리는 도시 재생 사업을 추진하기로 했다.
9	등기	• 정부는 등기가 완료되지 않은 토지에 대한 등기 신청을 내년까지 연장하기로 했다.
10	리조트	• 소득 증가, 근로 시간 단축으로 숙박과 여가를 동시에 즐길 수 있는 리조트가 증가하였다.
11	명당	• 해마다 열리는 불꽃 축제의 명당을 차지하기 위해 사람들은 이른 아침부터 자리를 잡고 기다린다.
12	명승지	• 코로나 방역으로 인해 해외여행보다는 도시 주변의 경치가 좋은 명승지를 찾는 여행이 늘었다.
13	문화유산	• 얼마 전 발생한 강한 지진으로 인해 천 년 이상 보존되어 온 문화유산이 파괴되었다고 한다.
14	보증금	• 뉴스에 따르면 집주인으로부터 전세 보증금을 돌려받지 못하는 피해 사례가 증가하고 있다고 한다.
15	부대시설	• 실내 골프 연습장, 수영장 등의 부대시설을 갖춘 아파트가 인기를 끌고 있다.
16	부동산	• 돈을 버는 가장 유리한 재테크로 여전히 부동산이 1위를 차지하고 있다.
17	부동산 버블	• 각국 중앙은행이 기준 금리를 인상함에 따라 전 세계 부동산 버블이 붕괴되기 시작했다.
18	부유세	• 소득 불평등을 해결하기 위해 여러 나라가 부유한 사람에게 세금을 더 내게 하는 부유세 도입을 적극적으로 논의하고 있다.
19	부지	• 그 대학 관계자는 캠퍼스 이전을 위해 적당한 부지를 찾고 있다고 밝혔다.
20	분양가	• 전국적으로 집값이 하락했는데도 그 지역의 아파트 분양가는 한 달 만에 4%나 올랐다고 한다.

3. 알맞은 어휘는 무엇일까요?

1) 다음 초성으로 된 어휘를 사용해서 문장을 완성하세요.

가	ㅂㅇㄱ	(　　　)은/는 건설사가 아파트를 지어서 판매할 때 받는 최초의 가격이다.
나	ㄴㅈ	(　　　)은/는 농작물이나 다년생 식물을 재배하는 데 이용되는 논, 밭, 과수원 등의 토지를 말한다.
다	ㅁㅅㅈ	날씨가 따뜻해지자 경치가 좋은 (　　　)을/를 찾아 휴식을 즐기는 시민들이 늘어나고 있다.

2) 다음 어휘의 알맞은 의미를 연결하세요.

가. 명당 •
나. 리조트 •
다. 보증금 •
라. 부유세 •
마. 부동산 •

• ① 여가 시설과 숙박 시설을 함께 갖춘 휴양 시설
• ② 입찰이나 계약을 할 때 계약 이행을 보장받기 위해 한 쪽이 상대편에게 주는 돈을 말함
• ③ 토지, 건물, 주택과 같은 옮길 수 없는 재산
• ④ 어떤 일을 하기에 꽤 좋은 장소를 말함
• ⑤ 일정 수준 이상의 재산을 가지고 있는 사람에게 부과하는 세금

3) 다음 〈보기〉에서 알맞은 어휘를 찾아 문장을 완성하세요.

보기

도시 재생	문화유산	부대시설	다중 주택	부동산 버블

가. 그 방송사는 한국의 사찰과 왕릉을 소개하는 (　　　) 프로그램을 제작·방영하기로 하였다.
나. (　　　)은/는 방마다 욕실을 설치할 수 있고 학생이 장기적으로 거주한다는 점에서 기숙사와 동일하지만 층수와 면적에 제한을 받는다는 점이 다르다.
다. 부동산 전문가들은 한국에서도 (　　　)이/가 끝났다고 하지만 여전히 집값이 오를 것이라 믿는 사람들이 많다.

정답

1) 가. 분양가　나. 농지　다. 명승지
2) 가. ④　나. ①　다. ②　라. ⑤　마. ③
3) 가. 문화유산　나. 다중 주택　다. 부동산 버블

3주차 3일차 3장 관광, 호텔, 부동산

1. 어떤 어휘가 있을까요?

어휘		영어	중국어	일본어	베트남어
1	불로 소득	unearned income	非劳动收入	不労所得	thu nhập phi tiền lương
2	비수기	off-season	淡季	閑散期	mùa vắng khách
3	사유지	private land	私有地	私有地	đất sở hữu
4	사회 간접 자본	social overhead capital	社会间接资本	社会資本	vốn phụ phí xã hội
5	상가	retail building	商户	商店街の建物	tòa nhà thương mại
6	생태 관광	ecotourism	生态旅游	エコツーリズム	du lịch sinh thái
7	서브프라임 대출	subprime mortgage	次级抵押贷款	サブプライムローン	cho vay thế chấp dưới chuẩn
8	성수기	peak season	旺季	繁忙期	mùa cao điểm
9	세관 신고서	customs declaration	海关申报单	税関申告書	tờ khai hải quan
10	소믈리에	sommelier	品酒师	ソムリエ	chuyên gia nếm và phục vụ rượu vang
11	소유권	ownership	所有权	所有権	quyền sở hữu
12	수배	operation	安排,计划(旅游行程)	手配	thiết kế tour theo yêu cầu
13	숙박업	lodging indurstry	住宿业	宿泊業	ngành kinh doanh nhà nghỉ khách sạn
14	시장 세분화	segmentation	市场划分	セグメンテーション	phân khúc thị trường
15	어메니티	amenity	盥洗用品	アメニティ	sự tiện nghi
16	여가	leisure	休闲	余暇	giải trí
17	연회장	banquet room	宴会场	宴会場	địa điểm bữa tiệc
18	외식 산업	food service industry	餐饮业	外食産業	dịch vụ ẩm thực
19	월세	monthly rent	月租	家賃	tiền thuê nhà theo tháng
20	유적지	historical sites	遗迹	遺跡地	khu di tích

2. 문장 안에서 어떻게 쓰일까요?

1	불로 소득	• 경제 위기에도 건물이나 집 등의 부동산 임대 수익을 통한 불로 소득은 지속적으로 높아지고 있다.
2	비수기	• 장마철과 같은 비수기 동안 객실 요금을 30% 이상 할인하는 호텔이 많다.
3	사유지	• 이곳은 사유지이므로 주인의 허가 없이 사진을 찍거나 영상을 촬영해서는 안 된다.
4	사회 간접 자본	• 신공항, 도로, 철도 등 사회 간접 자본 확충을 통해 지역을 균형 있게 발전시킬 수 있다.
5	상가	• 정부는 상가가 밀집된 지역에 화재 예방을 위해 누구나 사용하기 쉬운 '보이는 소화기' 설치를 확대하기로 했다.
6	생태 관광	• 그 도시는 '숲이 있는 도시 조성 사업'을 통해 새로운 생태 관광 명소로 떠오르고 있다.
7	서브프라임 대출	• 2000년대 초 미국에서는 부동산 버블이 꺼지자 서브프라임 대출을 갚지 못하는 사람이 늘어나는 사태가 발생했다.
8	성수기	• 관광객이 많은 성수기 때의 숙박료는 비수기 때보다 2배 이상 비싼 것으로 나타났다.
9	세관 신고서	• 그동안 종이에 쓰던 세관 신고서가 모바일 방식으로 새롭게 바뀌었다.
10	소믈리에	• 특정 음식과 어울리는 와인을 추천해 주는 인공 지능 소믈리에가 등장해 관심을 모으고 있다.
11	소유권	• 한 연예인이 팬으로부터 달나라의 땅을 선물로 받았다는 뉴스 보도 이후 달의 소유권에 대한 네티즌들의 관심이 뜨겁다.
12	수배	• 해외여행이 증가하고 있지만 현지에서 여행을 진행하는 수배가 원활하지 않아 패키지여행에 어려움을 겪고 있다.
13	숙박업	• 여름철 성수기 동안 해수욕장 주변에 무허가 불법 숙박업이 성행해서 관광객들의 불만을 사고 있다.
14	시장 세분화	• 고객을 나이, 직업, 지역, 소득 등의 특성을 기초로 여러 집단으로 분류하여 마케팅하는 것을 시장 세분화라고 한다.
15	어메니티	• 호텔마다 경쟁력을 높이기 위해 샴푸, 비누, 수건 등의 어메니티를 친환경이나 고급 브랜드 제품으로 제공하고 있다.
16	여가	• 자신에게 알맞은 여가 활동을 알려주는 앱이 많이 개발되고 있다.
17	연회장	• 넓은 연회장을 갖추고 있는 호텔을 결혼식장으로 선호하는 사람이 늘고 있다.
18	외식 산업	• 정부의 외식 산업에 대한 투자와 지원으로 수준 높은 외식 문화를 즐길 수 있게 되었다.
19	월세	• 대학 근처의 원룸은 월세가 비싼데도 찾는 사람이 많아 구하기가 하늘의 별 따기이다.
20	유적지	• 4월부터 한 달 동안 각 지역의 유적지에서 다양한 문화재 행사가 열릴 예정이다.

3. 알맞은 어휘는 무엇일까요?

1) 다음 초성으로 된 어휘를 사용해서 문장을 완성하세요.

가	ㅅㅅㄱ	(　　)에는 호텔 요금이 비쌀 뿐만 아니라 예약도 쉽지 않다.
나	ㅇㄱ	고령화 사회가 되면서 노인들을 위한 (　　) 활동에 대한 관심이 커지고 있다.
다	ㅅㅁㄹㅇ	와인 소비가 늘자 (　　)을/를 원하는 고급 식당이나 주류 매장이 늘고 있다.

2) 다음 어휘의 알맞은 의미를 연결하세요.

가. 비수기 •
나. 불로 소득 •
다. 수배 •
라. 월세 •
마. 유적지 •

• ① 집을 빌리고 집주인에게 매달 내는 집세를 말함
• ② 과거 인류가 남긴 건축물이나 고분, 또는 역사적인 사건이 일어났던 곳
• ③ 상품이나 서비스의 수요가 많지 않은 시기
• ④ 생산이나 노동에 직접 참여하지 않고 얻는 소득
• ⑤ 여행자를 대상으로 여행을 기획, 준비, 진행함

3) 다음 보기에서 알맞은 어휘를 찾아 문장에 넣으세요.

보기

숙박업	연회장	외식 산업	생태 관광	세관 신고서

가. (　　)은/는 과거에는 식당업, 음식업 등으로 불렸으나 오늘날에는 외식 상품뿐만 아니라, 서비스, 분위기, 고객 가치 등을 제공하는 의미로 확대되었다.
나. 자연 친화적 관광인 (　　)에서 제일 중요한 것은 환경을 보전하는 것이다.
다. 국내에 입국할 때는 해외에서 구매한 물품이 없더라도 (　　)을/를 작성하여 제출해야 한다.

정답

1) 가. 성수기 나. 여가 다. 소믈리에
2) 가. ③ 나. ④ 다. ⑤ 라. ① 마. ②
3) 가. 외식 산업 나. 생태 관광 다. 세관 신고서

3주차 4일차 3장 관광, 호텔, 부동산

1. 어떤 어휘가 있을까요?

	어휘	영어	중국어	일본어	베트남어
1	임대료	rental fee	租金	賃貸料	phí cho thuê
2	임대인	landlord	出租人	賃貸人	người cho thuê
3	임대차 계약	rental contract	租赁合同	賃貸契約	hợp đồng thuê mướn
4	임야	wood and fields	树林和田野	林野	miền rừng
5	임차인	renter, tenant	租户	賃借人	người cho thuê
6	잔금	balance	尾款	残金	tiền trả lại
7	잠재 고객	potential customer	潜在顾客	潜在顧客	khách hàng tiềm năng
8	재개발	redevelopment	再开发	再開発	sự tái phát triển
9	재건축	reconstruction	重建	再建築	sự tái kiến trúc
10	전매	resale	转卖	再販	sự bán lại
11	전세	lump-sum deposit	全税	保証金	nhà (phòng) cho thuê với tiền thuê được trả theo năm
12	전채 요리	appetizer	开胃菜	アペタイザー	món khai vị
13	젠트리피케이션	gentrification	士绅化	ジェントリフィケーション	chỉnh trang đô thị
14	주상 복합	mixed-use complex	商住两用楼	雑居ビル	khối nhà ở
15	주요리	main dish	主食, 主菜	メインディッシュ	món chính
16	중도금	middle payment	中期款	中途金	tiền trả đợt hai
17	증여	gift	赠与	贈与	sự tặng, sự trao tặng
18	증축	extension	扩建	増築	sự xây dựng thêm
19	지렛대 효과	leverage effect	杠杆效应	レバレッジ効果	đòn bẩy tài chính
20	지배인	hotel manager	经理	支配人	người quản lý

2. 문장 안에서 어떻게 쓰일까요?

1	임대료	• 한 상가 주인은 경제적으로 어려운 상인들을 돕기 위해 일 년 동안 임대료를 받지 않겠다고 밝혔다.
2	임대인	• 국회는 보증금을 돌려주지 않는 임대인의 신상을 공개하는 법안을 통과시켰다.
3	임대차 계약	• 부동산 매매나 임대차 계약을 하기 전에 기본적으로 등기부 등본을 확인해야 한다.
4	임야	• 오늘 새벽에 일어난 산불로 임야 4천㎡가 불에 탔다.
5	임차인	• 그 도시의 오피스텔에 입주하는 임차인은 임대차 계약 시 부동산 중개 수수료를 일부 지원받을 수 있다.
6	잔금	• 은행마다 신축 아파트 입주 시 잔금을 대출해 주는 상품을 출시했다.
7	잠재 고객	• 잠재 고객을 효과적으로 관리하는 것은 중요한 마케팅 전략 중의 하나이다.
8	재개발	• 재개발 구역을 선정할 때는 주택이나 상가 등의 정비가 얼마나 시급한지를 우선 고려한다.
9	재건축	• 그 지역에서 가장 오래된 아파트에 거주하는 주민들은 재건축 심의가 통과된 것을 기뻐하고 있다.
10	전매	• 부동산 규제 완화로 인해 분양권 전매가 활발해지고 있다.
11	전세	• 최근 임대인이 전세 보증금을 돌려주지 않는 사례가 급증하고 있다.
12	전채 요리	• 식사 전에 제공되는 전채 요리로 샐러드를 먹으면 과식을 방지할 수 있다.
13	젠트리피케이션	• 젠트리피케이션이란 낙후된 지역에 주거 혹은 상업을 목적으로 외부인이 들어오면서 원주민들이 밀려나는 현상을 말한다.
14	주상 복합	• 주상 복합은 주거 공간과 상업 공간이 복합된 아파트로, 보통 아래층에는 가게가 있고 위층에는 사람들이 거주한다.
15	주요리	• 이번에 개최된 두 나라 정상 회담의 만찬에서는 주요리로 생선, 후식으로는 한국의 전통 음료인 식혜가 나왔다.
16	중도금	• 금리가 오르고 미분양 아파트가 늘어나자 건설사마다 중도금을 무이자로 대출해 주는 정책을 펼치고 있다.
17	증여	• 재산을 사위나 며느리에게 나누어서 증여를 하면 세금의 부담을 줄일 수 있다고 한다.
18	증축	• 정부는 개발 제한 구역 내에 있는 건물의 증축을 허가하기로 결정했다.
19	지렛대 효과	• 지렛대 효과란 개인이나 은행으로부터 돈을 빌려 그 돈으로 투자 등을 해 큰 이익을 내는 것을 말한다.
20	지배인	• 이번에 호텔 지배인으로 임명된 그 사람은 안내 업무부터 시작해 지금의 자리에 올랐다고 한다.

3. 알맞은 어휘는 무엇일까요?

1) 다음 초성으로 된 어휘를 추측해서 문장을 완성하세요.

가	ㅇㄷㄹ	새 학기를 맞아 대학가의 원룸 (　　)이/가 크게 올랐다.
나	ㅈㅅ	한국의 독특한 주택 임대차 제도인 (　　)은/는 한국 전쟁 이후 산업화를 거치면서 자리를 잡았다.
다	ㅇㅇ	정부는 항공 사진과 측량 자료를 통해 등록되지 않은 (　　)을/를 찾아냈다.

2) 다음 어휘의 알맞은 의미를 연결하세요.

가. 증여 •　　• ① 재산 소유자가 사망하기 전에 재산을 주는 것
나. 전매 •　　• ② 호텔이나 식당 등에서 주인을 대신하여 영업에 관한 모든 권한을 가지는 사람을 말함
다. 중도금 •　　• ③ 식사 전 식욕을 돋우기 위해 나오는 음식
라. 전채 요리 •　　• ④ 구입한 부동산을 다시 파는 것
마. 지배인 •　　• ⑤ 부동산 거래 시 계약금과 잔금 사이에 지불하는 돈

3) 다음 〈보기〉에서 알맞은 어휘를 찾아 문장을 완성하세요.

보기

재개발　　잠재 고객　　주상 복합　　지렛대 효과　　젠트리피케이션

가. 한 마을이 (　　) 구역으로 지정되면 오랫동안 그 마을에 거주하던 원주민이나 세입자들이 다른 지역으로 이주해 마을 공동체가 해체되기도 한다.
나. 호텔에서 휴가를 즐기는 호캉스가 인기를 끌자 호텔마다 (　　) 확보를 위한 마케팅 전략을 세우고 있다.
다. 드라마 촬영지로 소개되면서 인기를 끌고 있는 지역의 상인들은 (　　)을/를 우려하고 있다.

정답
1) 가. 임대료　나. 전세　다. 임야
2) 가. ①　나. ④　다. ⑤　라. ③　마. ②
3) 가. 재개발　나. 잠재 고객　다. 젠트리피케이션

3주차 5일차 3장 관광, 호텔, 부동산

1. 어떤 어휘가 있을까요?

	어휘	영어	중국어	일본어	베트남어
1	지상 경비	ground expenses	地面经费	経費	chi phí du lịch
2	진실의 순간	moment of truth	决定性时刻	真実の瞬間	khoảnh khắc sự thật
3	취득	acquisition	取得	取得	đạt được
4	카지노업	casino industry	赌场业	カジノ業界	ngành công nghiệp Casino
5	컨벤션	convention	会议	コンベンション	hội nghị
6	컨소시엄	consortium	国际财团	コンソーシアム	tập đoàn
7	컨시어지	concierge	礼宾	コンシュルジュ	lễ tân
8	테마파크	theme park	主题公园	テーマパーク	công viên giải trí
9	토지 공개념	public concept of land	公共土地概念	土地公概念	quy định sử dụng đất phù hợp với phúc lợi công cộng
10	투숙객	guest	投宿的客人	宿泊客	khách trọ
11	투어 오퍼레이터	tour operator	旅游承办商	ツアー オペレーター	công ty du lịch
12	판촉	sales promotion	促销	販促	sự xúc tiến bán hàng
13	팸투어	familiarization tour	旅游考察团	ファムツアー	hình thức du lịch tìm hiểu và tiếp thị
14	페이징 서비스	paging service	传呼服务	ページング サービス	dịch vụ tin nhắn tìm kiếm và truyền tải thông tin khách hàng
15	펜션	pension	家庭旅馆	ペンション	khách sạn nhỏ kiểu gia đình
16	풀빌라	pool villa	泳池别墅	プールヴィラ	biệt thự hồ bơi
17	프런트 데스크	front desk, reception	服务前台	デスクフロント	bàn tiếp tân
18	하우스키핑	house keeping	客房服务	ハウス キーピング	nhân viên dọn phòng
19	현지 여행사	ground operator	当地旅行社	現地旅行会社	công ty du lịch địa phương
20	호텔리어	hotelier	酒店经营者	ホテリアー	chủ khách sạn

2. 문장 안에서 어떻게 쓰일까요?

1	지상 경비	• 지상 경비란 숙박비, 식사비, 교통비 등 그 지역을 관광할 때 포함되는 모든 경비를 말한다.
2	진실의 순간	• 고객은 서비스 제공자와 대면하는 짧은 시간 동안 서비스에 대한 판단을 내리는데, 그 시간을 진실의 순간(MOT)이라고 한다.
3	취득	• 외국인의 국내 부동산 취득 비율이 해마다 증가하고 있다.
4	카지노업	• 해외여행 규제가 풀리면서 전 년에 비해 관광숙박업은 112개, 카지노업은 3개가 늘었다고 한다.
5	컨벤션	• 올해 국제회의, 전시회, 대형 행사 등의 컨벤션이 많아지면서 호텔을 이용하는 사람의 수가 역대 최고가 될 전망이다.
6	컨소시엄	• 여러 업체가 컨소시엄을 할 때는 누가 리더를 할 것인가, 업무 분담은 어떻게 할 것인가를 먼저 결정해야 한다.
7	컨시어지	• 호텔의 컨시어지 서비스는 그 지역의 교통, 관광, 쇼핑, 식당 안내뿐 아니라 고객이 직접 구하기 어려운 티켓 구매까지 해 주기도 한다.
8	테마파크	• 지역마다 그 지역의 특성을 살린 테마파크를 조성해 관광객을 유치하고 있다.
9	토지 공개념	• 토지 공개념은 개인 소유인 토지도 그 소유권이 제한될 수 있다는 것을 말한다.
10	투숙객	• 이 호텔에서는 가족, 연인 등 투숙객의 특성에 맞는 이벤트를 진행하고 있다.
11	투어 오퍼레이터	• 여행 상품을 기획하고 개발하는 투어 오퍼레이터 자격증을 취득하려는 사람들이 늘고 있다.
12	판촉	• 국제 관광 박람회 기간 동안 여행객을 대상으로 지역의 특산물 판촉 활동이 활발하게 펼쳐졌다.
13	팸 투어	• 그 도시는 관광지와 여행 상품을 홍보하기 위해 사진작가와 여행 전문가를 초청해 팸 투어를 개최하기로 했다.
14	페이징 서비스	• 외부 고객이 호텔 투숙객에게 메시지를 전하고 싶을 때는 페이징 서비스를 요청하면 된다.
15	펜션	• 지난 1년간 전국적으로 PC방과 도서관은 감소한 반면 펜션과 게스트하우스는 크게 증가한 것으로 나타났다.
16	풀빌라	• 겨울에도 아이들이 따뜻한 물에서 놀 수 있는 풀빌라가 인기이다.
17	프런트 데스크	• 호텔마다 인건비를 줄이기 위해 프런트 데스크 인원을 줄이고 모바일을 활용한 비대면 체크인 서비스를 운영하고 있다.
18	하우스키핑	• 호텔 객실의 관리와 청결을 담당하는 '호텔 하우스키핑 전문가 과정'이 개설되었다.
19	현지 여행사	• 현지 여행사는 현지에서 직접 여행 일정을 관리하고 진행해 주는 여행사로 '랜드사'라고도 한다.
20	호텔리어	• 주인공 직업이 호텔리어인 드라마가 인기를 얻자 대학의 호텔 경영학과에 지원하는 학생들이 많아졌다.

3. 알맞은 어휘는 무엇일까요?

1) 다음 초성으로 된 어휘를 사용해서 문장을 완성하세요.

가	ㅊㄷ	외국인의 국내 부동산 (　　)을/를 위한 새로운 제도가 도입된다.
나	ㅋㅂㅅ	이번에 건립된 (　　) 센터는 대규모 국제 회의장과 전시회장뿐만 아니라 각종 공연장을 갖고 있다.
다	ㅌㅅㄱ	우리 호텔에서는 (　　)을/를 대상으로 호텔의 불편 사항에 대한 설문 조사를 실시하였다.

2) 다음 어휘의 알맞은 의미를 연결하세요.

가. 판촉 •
나. 테마파크 •
다. 펜션 •
라. 풀빌라 •
마. 호텔리어 •

• ① 수영장을 갖춘 숙박 시설을 말함
• ② 상품이나 서비스의 판매를 늘리기 위한 다양한 전략
• ③ 특정한 주제가 있는 놀이공원
• ④ 농어촌이나 산지 등에서 손님에게 숙박과 취사 시설 등을 제공하는 소규모 숙박 시설을 의미함
• ⑤ 호텔을 경영하거나 호텔에서 일하는 사람, 호텔 종사자를 말함

3) 다음 〈보기〉에서 알맞은 어휘를 찾아 문장을 완성하세요.

보기

토지 공개념　　컨소시엄　　컨시어지　　하우스키핑　　현지 여행사

가. (　　) 매니저는 호텔의 정보는 물론 호텔 주변의 관광, 쇼핑, 교통 등 여행과 관련된 정보를 제공해 준다.

나. 이 호텔은 객실 청소, 침구 관리 등 (　　) 서비스에 대한 투숙객들의 만족도가 상당히 높다.

다. 여행 업계는 최근 현지에서 여행 일정을 관리하고 진행하는 전문 (　　)이/가 부족해 어려움을 겪고 있다고 한다.

정답

1) 가. 취득　나. 컨벤션　다. 투숙객
2) 가. ②　나. ③　다. ④　라. ①　마. ⑤
3) 가. 컨시어지　나. 하우스키핑　다. 현지 여행사

4. 다음 글을 읽어 볼까요?

환경과 호텔 조직 간의 상호 관계

호텔 환경은 일반적으로 조직의 외부적인 조건을 의미한다. 이것은 그 조직과 밀접한 관계를 가지고 있으며 호텔 조직에 영향을 미치게 된다. 반대로 조직이 환경의 변화에 영향을 주기도 한다. 그렇다면 호텔 조직에 영향을 미치는 환경에는 어떤 것이 있을까?

첫 번째로 기술의 발전이다. 특히 인터넷 사용자의 급증은 호텔 조직에 인터넷 사용에 대한 중요성을 인식시켰다. 항공사와 호텔은 인터넷을 통해 예약이 가능해졌고, 인터넷 배너 등을 통한 사이버 광고도 가능해졌다.

두 번째로 사회적 환경의 변화를 들 수 있다. 예를 들어 경제적으로 여유를 가진 노인층이 증가하면서 실버산업이 꾸준한 성장을 하고 있는데 이는 지역의 호텔 산업에 크게 영향을 미치고 있다.

세 번째로 문화적 환경의 변화이다. 실례로 한 나라에서 올림픽이나 FIFA 월드컵 등과 같은 국제적 행사가 열리면 이를 관람하려는 관광객의 증가로 숙박 산업이나 외식 산업이 발전하게 된다.

이와는 반대로 조직이 환경에 영향을 끼치는 경우도 있다. 이 경우는 조직이 개발한 상품을 소비자가 체험하고 그것이 소비자의 일반적인 생활 환경을 변화시키는 것을 말한다. 한국에서는 태백시 카지노 단지 조성이 그 예이다. 태백시는 폐광촌을 카지노 사업을 포함한 관광 휴양 단지로 발전시켰는데 이는 지역 경제뿐만 아니라 지역 주민의 삶에 큰 영향을 미쳤다.

출처: 최정길(2011), 『호텔경영학』, 백산출판사, 145~148쪽.

1) 위의 내용과 같으면 O, 다르면 X 하세요.

가. 환경과 조직은 상호 연관성을 갖는다. (　　)

나. 부유한 노년층은 호텔이나 외식 산업에 투자하고 있다. (　　)

다. 태백시에 있는 폐광촌의 카지노 단지 조성은 문화적 환경이 조직에 영향을 준 예이다. (　　)

2) 부산국제영화제 개최가 호텔 조직에 어떤 영향을 주었는지 설명해 보세요.

정답

1) 가. O 나. X 다. X

2) 생략

핵심 요약

[환경이 호텔 조직에 미치는 영향]

- 기술적 환경 변화
  - 인터넷의 발달
- 사회적 환경 변화
  - 노인층의 증가
- 문화적 환경 변화
  - 다양한 국제 행사 개최

[호텔 조직이 환경에 미치는 영향]

- 지역 경제 발전, 주민의 삶 개선
  - 예 태백시 폐광촌의 카지노 단지 개발 조성

MEMO

3주차 6일차 3장 관광, 호텔, 부동산

더 배워 볼까요?

알아 놓으면 유용한 호텔의 종류

1. 위치에 따른 호텔의 종류

종류	특징
도심지 호텔 (Center city Hotels)	• 도심에 위치함 • 비즈니스를 목적으로 하는 고객이 많음 • 주말보다 주중 고객이 많은 편임
휴양지 호텔 (Resort Hotels)	• 주로 교외에 위치함 • 휴가를 목적으로 하는 고객이 많음 • 성수기와 비수기 객실 점유율의 차이가 큼
공항 호텔 (Airport Hotels)	• 공항 주변에 위치함 • 공항을 빠르게 이용하려는 고객이 주로 이용
카지노 호텔 (Casino Hotels)	• 카지노 게임장과 호텔을 동시에 이용할 수 있음 • 비즈니스 센터 설치, 국제회의 유치 등으로 비즈니스 호텔의 기능을 갖춤

2. 이용 목적에 따른 호텔의 종류

종류	특징
상용 호텔 (Commercial Hotels)	• 주로 공적인 업무 혹은 출장을 목적으로 고객이 이용하며 비즈니스 호텔(Business Hotel)이라고도 함
컨벤션 호텔 (Convention Hotels)	• 국제회의, 전시회 등을 유치하기 위한 대규모 호텔
리조트 (Resort Hotels)	• 온천, 골프장 등의 휴양 시설을 갖춘 호텔
아파트먼트 호텔 (Apartment Hotels)	• 장기 투숙객을 위한 호텔로 레지던스 호텔(Residence Hotel)이라고도 함

출처: 최정길(2011), 『호텔경영학』, 백산출판사, 113쪽.

3. 등급에 따른 호텔의 종류

종류	특징
1성급 ★	• 깨끗한 객실과 욕실을 갖춤 • 일부 호텔에서는 간단한 조식이 제공되기도 함
2성급 ★★	• 1성급 시설 • 최소한의 식음료 제공이 가능한 부대시설을 갖춤
3성급 ★★★	• 2성급 시설 • 하나 이상의 레스토랑, 로비 라운지 및 휴식 공간을 갖춤
4성급 ★★★★	• 3성급 시설 • 2개 이상의 레스토랑, 연회장, 국제 회의장 등의 시설을 갖춤 • 12시간 룸서비스 이용 가능
5성급 ★★★★	• 4성급 이상 최상급 수준의 시설 • 3개 이상의 레스토랑, 대형 연회장, 국제 회의장, 고급 피트니스 센터 등 각종 부대시설을 갖춤 • 24시간 룸서비스 이용 가능

4장 금융, 회계, 세무

4주차 1일차 4장 금융, 회계, 세무

1. 어떤 어휘가 있을까요?

어휘		영어	중국어	일본어	베트남어
1	가결산	interim settlement of accounts	临时结算	仮決算	quyết toán giả định
2	가계정	suspense account	临时账户	仮勘定	tài khoản tạm thời
3	가공 이익	profits on paper	虚盈利	架空利益	lợi nhuận trên giấy
4	가산금	an additional charges	追加费	加算金	chi phí phụ trội
5	가산세	additional tax	追加税	加算税	thuế phụ trội
6	가수금	suspense receipts	暂收款	仮受金	khoản tạm thu
7	가중 평균법	weighted average cost formula	加权平均法	加重平均法	phương pháp bình quân gia quyền
8	가지급금	suspense payments	暂付款	仮払金	khoản thanh toán tạm thời
9	가처분 소득	disposable income	可支配收入	可処分所得	thu nhập khả dụng
10	간이 과세	simplicity taxation	简易课税	簡易課税	đánh thuế đơn giản hóa
11	간접 소비세	indirect consumption tax	间接消费税	間接消費税	thuế gián thu
12	간편 장부	simple ledger	简易账簿	簡便帳簿	sổ cái đơn giản hóa
13	감가상각	depreciation	折旧	減価償却	khấu hao
14	감면	reduction and exemption	减免	減免	sự miễn giảm
15	감사	audit	监察	監査	sự thanh tra, sự kiểm sát, sự giám sát
16	감자	reduction of capital stock	减资	減資	sự cắt giảm vốn
17	개별법	specific identification method	个别法	個別法	phương pháp phân loại thực tế đích danh
18	개별 상각	item depreciation	个别折旧	個別償却	khấu hao tài sản cố định riêng lẻ
19	갱신	renewal	更新	更新	thay thế mới
20	거래 명세서	specification on transaction	交易明细	取引明細書	bản kê khai giao dịch chi tiết

2. 문장 안에서 어떻게 쓰일까요?

1	가결산	• 가결산을 하지 않고 본결산만 하면 미리 챙기지 못한 부분 때문에 경영 관리상 어려움이 생길 수 있다.
2	가계정	• 비용의 발생 내용을 계산하고 기록하기 위한 것이 계정인데, 내용이 명확하지 않은 경우 임시로 가계정을 만들 수 있다.
3	가공 이익	• 수익과 비용을 계산할 때 실제 이익이 아닌데도 이익으로 계산되는 것을 가공 이익이라고 한다.
4	가산금	• 재산세를 마감 날짜에 납부하지 않아 3%의 가산금을 냈다.
5	가산세	• 납세자가 정해진 기한까지 과세 표준 신고서를 제출하지 않으면 무신고 가산세를 내야 한다.
6	가수금	• 그 기업은 목적 없이 돈을 받아 가수금 회계 처리를 한 것이 드러나 사장이 책임을 지고 물러나게 되었다.
7	가중 평균법	• 가중 평균법은 재고 항목의 원가를 결정할 때 기초 재고 자산과 회계 기간 중 매입 또는 생산된 재고 자산의 원가를 가중 평균하여 결정하는 방법이다.
8	가지급금	• 그 회사는 경제적으로 어려운 법인 대표에게 우선적으로 가지급금을 주기로 했다.
9	가처분 소득	• 개인 소득에서 이자, 세금 등 소비와 관련이 없는 지출을 한 나머지 금액이 가처분 소득이다.
10	간이 과세	• 사업 규모가 작은 음식점, 미용실 등의 개인 사업자는 일 년에 한 번만 간이 과세를 신고하면 된다.
11	간접 소비세	• 국내에서 생산되는 주류, 담배, 석유 등의 상품 소비에는 간접 소비세가 부과된다.
12	간편 장부	• 전문적인 지식이 없어도 간편 장부를 사용하면 수익과 비용을 쉽고 간편하게 작성할 수 있다.
13	감가상각	• 자동차, 집 등 자본 중 일부는 일정 시간이 지남에 따라 가치가 조금씩 감소하고 있는데 이를 계산할 때 사용하는 것이 감가상각이다.
14	감면	• 재난 지역으로 선포된 후 그 지역의 상인들은 세금을 감면 받았다.
15	감사	• 다음 달에 감사가 있을 예정이어서 업무에 대한 기록과 재무제표를 꼼꼼하게 확인하고 있다.
16	감자	• 자본금이 늘어나는 것을 증자, 자본금이 감소하는 것을 감자라고 한다.
17	개별법	• 개별법은 상품의 원가를 계산하는 방법으로, 미술 작품, 골동품이나 귀금속 등 고가품의 원가를 계산하는 데에 많이 사용한다.
18	개별 상각	• 각 물건에 대하여 개별로 원가를 계산하고 그 원가를 기초로 감가상각 하는 방법을 개별 상각이라고 한다.
19	갱신	• 갱신 기간이 만료된 여권을 재발급 받기 위해서는 최근 6개월 이내의 사진이 필요하다.
20	거래 명세서	• 거래처에 물품을 납품한 후 물건의 종류와 거래량, 가격 등을 표시한 거래 명세서를 받아 놓았다.

3. 알맞은 어휘는 무엇일까요?

1) 다음 초성으로 된 어휘를 사용해서 문장을 완성하세요.

가	ㄱㄱㅈ	가지급금, 가수금, 미결산 등의 계정이 ( )에 속한다.
나	ㄱㅊㅂ ㅅㄷ	기업의 매출액은 증가했지만 은행 금리가 높아져 ( )은/는 크게 늘지 않았다.
다	ㄱㅅㄱ	납기 내에 공과금을 내지 않으면 ( )이/가 붙는다.

2) 다음 어휘의 알맞은 의미를 연결하세요.

가. 가수금 •
나. 감면 •
다. 가지급금 •
라. 개별법 •
마. 간편 장부 •

• ① 내야 할 부담 등을 면제해 주는 것을 말함
• ② 상품에 대해 개별적으로 원가를 계산하는 방법
• ③ 국세청에서 소규모 사업자들에게 사용을 권장하는 장부
• ④ 회사가 계열 회사나 대주주, 종업원 등에게 임시로 빌려주는 자금
• ⑤ 가계정 상태에서 우선 받는 돈을 말함

3) 다음 〈보기〉에서 알맞은 어휘를 찾아 문장을 완성하세요.

보기

가결산 갱신 감사 가공 이익 간접 소비세

가. 그 회사 대표는 ( )에서 부정하게 사용된 돈이 발견되어 검찰의 조사를 받고 있다.
나. 부동산 임차인이 원하는 경우 1회에 한해 2년 계약 ( )을/를 청구할 수 있다.
다. ( )은/는 기말이 아닌 중간에 행하는 결산을 말한다.

정답
1) 가. 가계정 나. 가처분 소득 다. 가산금
2) 가. ⑤ 나. ① 다. ④ 라. ② 마. ③
3) 가. 감사 나. 갱신 다. 가결산

4주차 2일차 4장 금융, 회계, 세무

1. 어떤 어휘가 있을까요?

	어휘	영어	중국어	일본어	베트남어
1	결손금	deficit	资本亏损	欠損金	số tiền thiếu hụt
2	경정	reassessment	更正	更正	định mức lại
3	고정비	fixed cost	固定费	固定費	chi phí cố định
4	공매	public auction	拍卖	公売	sự bán đấu giá
5	과세 표준	assessment standard tax base	课税标准	課税標準	tiêu chuẩn đánh thuế
6	과오납	overpayment	超额纳税	過払い	thanh toán vượt mức
7	과점 주주	oligopolistic stockholders	垄断股东	寡占株主	cổ đông độc quyền
8	국세	national tax	国税	国税	thuế nhà nước
9	귀속 소득	imputed income	应计收入	帰属所得	thu nhập gán cho
10	균등 상각법	straight line method	直线折旧法	均等償却法	phương pháp khấu hao đường thẳng
11	기초 공제	basic deduction	基本扣除额	基礎控除	khấu trừ cơ bản
12	단순 경비율	simple expense rate	单计经费率	単純経費率	tỷ lệ chi phí đơn giản
13	대물 변제	payment in substitutes	以物抵债	代納	thanh toán thay thế
14	대손 충당금	allowance for bad debts	坏账准备	貸倒引当金	dự phòng nợ xấu
15	물납	payment in kind, tax in kind	(以)实物支付	物納	sự trả bằng hiện vật
16	미수 수익	accrued revenue	未收收入	未収収益	doanh thu dồn tích
17	발생주의	accrual basis	权责发生制	発生主義	kế toán dồn tích
18	배당금	dividend revenue	红利, 分红	配当金	cổ tức
19	법인세	corporation tax	法人税	法人税	thuế pháp nhân
20	법정 준비금	legal reserve, statutory reserve	法定公积金	法定準備金	tiền dự trữ pháp định

2. 문장 안에서 어떻게 쓰일까요?

1	결손금	• 물가 인상으로 필요 경비가 소득 금액보다 많아 결손금이 발생했다.
2	경정	• 정부는 납세 의무자의 신고가 없거나 신고액이 너무 적을 때 경정으로 과세액을 변경해 준다.
3	고정비	• 고정비는 변동비에 대응되는 말로, 이자, 보험료, 전기, 수도, 전화 등의 요금이 이에 해당된다.
4	공매	• 시에서는 고액의 세금을 내지 않은 부동산에 대해 적극적인 공매 절차를 진행하겠다고 밝혔다.
5	과세 표준	• 과세 표준이란 세금을 부과하는 기준을 말하는데, 과세 표준에 정해진 세율을 곱하면 내야 할 세금이 얼마인지 알 수 있다.
6	과오납	• 세금을 초과 납부해서 과오납 환급금 지급 통지서를 받았다.
7	과점 주주	• 주식의 50% 이상을 가지고 기업 경영을 하고 있는 주주를 과점 주주라고 한다.
8	국세	• 126번에 전화하면 국세 관련 상담 서비스를 받을 수 있다.
9	귀속 소득	• 용역을 제공하여 받는 무료의 식료품, 숙박, 또는 자신의 농장에서 생산해 집에서 소비되는 식료품 등이 귀속 소득에 해당된다.
10	균등 상각법	• 균등 상각법은 토지를 제외한 고정 자산의 가치를 매년 동일한 금액으로 줄이는 것이다.
11	기초 공제	• 기초 공제는 최저 생활을 보호하고, 납세자의 부담을 덜어주기 위한 것이다.
12	단순 경비율	• 단순 경비율은 신규 사업자가 구체적인 증빙 서류를 제출하지 않아도 경비로 인정해 주는 수입의 일정 비율을 말한다.
13	대물 변제	• 빚을 갚지 못하는 경우 대신 다른 물건으로 대물 변제를 할 수 있다.
14	대손 충당금	• 대출금 등을 받지 못할 것으로 예상되는 경우에는 대손 충당금 항목으로 기록한다.
15	물납	• 세금을 금전으로 내지 않고 부동산 등으로 납부하는 물납 제도가 있다.
16	미수 수익	• 아직 현금으로 받지 못한 이자, 임대료 등도 미수 수익의 계정으로 계산해야 한다.
17	발생주의	• '현금주의'와 대비되는 말로, 현금이 오가지 않더라도 가격 상승이나 하락 등 자산 변동이 생긴 부분을 재무제표에 기록하는 방식을 말한다.
18	배당금	• 국내 주식에 투자해 배당금을 받을 때는 세금을 미리 제하고 나머지 금액을 받는다.
19	법인세	• 국세청은 태풍의 피해가 큰 지역의 중소기업에 대해 법인세 납부 기한을 3개월 연장해 주기로 했다.
20	법정 준비금	• 법정 준비금은 회사에 일정한 금액을 적립하도록 법률로 정해 놓고 있으며, 자본금의 손실로 인해 그 유지가 어려운 경우를 대비한 것이다.

3. 알맞은 어휘는 무엇일까요?

1) 다음 초성으로 된 어휘를 사용해서 문장을 완성하세요.

가	ㄱㅁ	시에서 (　　)(으)로 내놓은 부동산이 팔리지 않아 가격을 더 내렸다.
나	ㄱㅇㄴ	(　　)(이)란 납부해야 할 세금을 초과해 낸 과납과 납부하지 않아도 되는 세금을 낸 오납으로 구분된다.
다	ㄱㅊ ㄱㅈ	사망으로 상속이 이루어지는 경우 과세 대상액에서 2억 원을 (　　) 한다.

2) 다음 어휘의 알맞은 의미를 연결하세요.

가. 귀속 소득 •
나. 결손금 •
다. 국세 •
라. 미수 수익 •
마. 배당금 •

• ① 국가가 국민에게 부과해서 징수하는 조세를 의미함
• ② 기업이 주식의 소유자에게 이익금을 분배하여 주는 돈
• ③ 확실하게 수익은 발생했지만 아직 받지 못한 대금
• ④ 경제학에서는 '적자'라고 하는데, 받은 것보다 지급한 것이 많은 것을 말함
• ⑤ 자기의 재산 또는 노동에서 얻어지는 소득을 말함

3) 다음 〈보기〉에서 알맞은 어휘를 찾아 문장을 완성하세요.

보기

경정	대물 변제	대손 충당금	물납	법인세

가. 상속세는 현금이 아닌 부동산으로 (　　)이/가 가능하다.
나. 근로자나 사업자는 납세 신고를 하고 5년 이내에 과다 납부 세액에 대해서 (　　)을/를 청구할 수 있다.
다. 그 사람은 천만 원의 빚을 갚지 못해 천만 원짜리 보석으로 (　　)을/를 하기로 했다.

정답
1) 가. 공매　나. 과오납　다. 기초 공제
2) 가. ⑤　나. ④　다. ①　라. ③　마. ②
3) 가. 물납　나. 경정　다. 대물 변제

4주차 3일차 4장 금융, 회계, 세무

1. 어떤 어휘가 있을까요?

	어휘	영어	중국어	일본어	베트남어
1	보증 보험	guaranteed insurance	保证保险	保証保険	bảo hiểm tiền bảo chứng
2	부가 가치세	value added tax	增值税	付加価値税	thuế giá trị gia tăng
3	분류 과세	classified taxation	分类课税	分類所得税	sự phân loại thuế
4	분리 과세	separate taxation	单独征税	分離課税	đánh thuế tách riêng
5	비업무용 자산	non-business purpose property	非营业资产	非業務用資産	tài sản phi kinh doanh
6	사내 유보	retained earnings	留存收益	社内留保	lợi nhuận giữ lại
7	사단 법인	incorporated association	社团法人	社団法人	hội có tư cách pháp nhân
8	사업자 등록	registration of enterpreneur	营业登记	事業者登録	đăng kí kinh doanh
9	사채	bond, debentures	社债	社債	khoản vay tư nhân
10	선급금	advanced payments	预付款	先給金	tiền tạm ứng
11	선수금	advances customers	预收款	先受金	tiền ứng trước
12	세무	tax accounting	税务	税務	thuế vụ
13	손금불산입	inclusion in gross revenue	损金不计	損金不算入	khoản chi không được trừ
14	손익 계산서	income statement	损益表	損益計算書	báo cáo kinh doanh
15	순자산	net asset	纯资产	純資産	tài sản ròng
16	시가	market value	市值	市場価値	giá thị trường
17	시산표	trial balance	试算表	試算表	bảng cân đối thử
18	액면 가액	face amount	票面数额	額面価額	giá trị danh nghĩa
19	약정 이자	agreed nterest	约定利息	約定利息	lãi theo thỏa thuận
20	영세율	zero tax rate	零税率	ゼロ税率	hàng hóa chịu thuế 0%

2. 문장 안에서 어떻게 쓰일까요?

1	보증 보험	• 전세 보증금을 무사히 돌려받을 수 있도록 세입자가 보증 보험에 가입할 수 있다.
2	부가 가치세	• 금을 살 때는 부가 가치세 10%가 포함된 값을 지불해야 한다.
3	분류 과세	• 부동산이나 주식을 양도받거나 퇴직 등의 소득 종류에 따라 종합적으로 과세하지 않고 분류 과세하는데 이는 높은 세금의 부담을 줄이고자 도입되었다.
4	분리 과세	• 분리 과세는 다른 소득과 합쳐서 종합적으로 과세하지 않고 따로 과세하는 것이다.
5	비업무용 자산	• 골동품, 그림 등 비업무용 자산에 관련된 지급 이자 및 유지비 등은 경비로 인정되지 않는다.
6	사내 유보	• 사내 유보란 회사가 설비 확장 등을 위해 이익금을 주식 배당금이나 상여금으로 주지 않고, 적립금이나 준비금의 형태로 회사 내에 두는 것을 말한다.
7	사단 법인	• 유기견 구조 및 안락사 방지를 위한 사단 법인의 설립을 신청했다.
8	사업자 등록	• 사업을 하려면 세무서를 방문하거나 인터넷을 통하여 사업자 등록을 해야 한다.
9	사채	• 우리 회사는 보유하고 있던 전환 사채를 지난달에 주식으로 전환하였다.
10	선급금	• 공사를 하거나 상품을 매매할 때 계약을 확실하게 하기 위해서 미리 금액의 일부를 선급금으로 지급한다.
11	선수금	• 호텔이 고객에게서 선수금을 받으면 예약 확정이 되고, 고객은 실제로 호텔을 이용할 때 나머지 차액을 지불하면 된다.
12	세무	• 탈세 의혹을 받고 있는 그 회사는 국세청으로부터 세무 조사를 받게 되었다.
13	손금불산입	• 기부금은 원래 과세의 대상이 아니지만 세법상 한도를 초과하면 과세 소득이 되는 손금불산입을 한다.
14	손익 계산서	• 손익 계산서에는 일정 기간 동안 그 회사의 이익과 손실, 판매 활동이나 관리 활동에 들어간 지출 등이 들어있다
15	순자산	• 정부의 발표에 따르면 한국의 평균 순자산은 가구당 4억 5,000만 원 정도라고 한다.
16	시가	• 최근 그 연예인이 구입한 건물의 시가는 50억이라고 한다.
17	시산표	• 시산표는 손익 계산서와 재무 상태표를 작성하기 위한 기초 자료로, 회사의 매출, 매입이 정확하게 기록되어 있는지 확인하는 표이다.
18	액면 가액	• 그 회사는 결손금 보전과 재무 구조 개선을 위해 주식의 액면 가액을 2,000원에서 1,000원으로 감자하기로 했다고 밝혔다.
19	약정 이자	• 정부는 높은 이자 때문에 고통받는 취약 계층의 약정 이자를 낮춰 주는 등의 지원책을 마련하기로 했다.
20	영세율	• 0%의 세율을 적용하여 부가 가치세를 면제하는 영세율 제도의 목적은 수출이나 외화 획득을 장려하기 위함이다.

3. 알맞은 어휘는 무엇일까요?

1) 다음 초성으로 된 어휘를 사용해서 문장을 완성하세요.

가	ㅂㄹ ㄱㅅ	소득의 종류별로 나누어 과세하는 형태 중 하나로, 1년에 1,200만 원 미만의 개인연금, 2,000만 원 이하의 이자나 인세 등의 수익 등은 (　　) 대상이 된다.
나	ㅅㄱ	경매를 통해 부동산을 구입하는 경우 (　　) 보다 저렴하게 살 수 있다.
다	ㅇㅁ ㄱㅇ	자본금은 발행 주식의 수에 (　　)을/를 곱한 돈을 말한다.

2) 다음 어휘의 알맞은 의미를 연결하세요.

가. 약정 이자 •
나. 선급금 •
다. 보증 보험 •
라. 선수금 •
마. 부가 가치세 •

• ① 상품이나 서비스를 받기 전에 먼저 지급하는 금액
• ② 거래에서 계약상 채무 불이행으로 손해를 입힌 경우 약정에 따라 보상하는 특수한 형태의 보험 상품을 말함
• ③ 거래나 계약에서 미리 받는 돈을 말함
• ④ 금융 기관이나 개인 등으로부터 돈을 빌리는 경우에 당사자 사이의 계약으로 정한 이자
• ⑤ 국세 가운데 하나이며, 이익에 대해서만 부과하는 일반 소비세를 말함

3) 다음 〈보기〉에서 알맞은 어휘를 찾아 문장을 완성하세요.

보기

순자산	사업자 등록	영세율	손익 계산서	분류 과세

가. 해외에서 활동하고 있는 그 선수의 (　　)은/는 약 5천만 달러가 넘는다고 한다.

나. 신규로 사업을 하는 경우 사업 개시일로부터 20일 이내에 (　　) 신청서를 제출하여야 한다.

다. (　　)을/를 보면 그해 기업이 얼마나 성장했는지 알 수 있다.

정답

1) 가. 분리 과세 나. 시가 다. 액면 가액
2) 가. ④ 나. ① 다. ② 라. ③ 마. ⑤
3) 가. 순자산 나. 사업자 등록 다. 손익 계산서

4주차 4일차 4장 금융, 회계, 세무

1. 어떤 어휘가 있을까요?

어휘		영어	중국어	일본어	베트남어
1	영업권	goodwill	经营权	営業権	quyền kinh doanh
2	예정 신고	preliminary declaration	预先申报	予定申告	báo cáo sơ bộ
3	원천 과세	pay-as-you-earn	预扣税	源泉課税	thuế khấu trừ
4	유동 자산	current assets	流动资产	流動資産	tài sản lưu động
5	유상 증자	capital increase with consideration	有偿增资	有償増資	tăng vốn trực tiếp
6	유증	bequest	遗赠	遺贈	thừa kế
7	의제 배당	deemed dividend	认定红利	みなし配当	cổ tức giả định
8	이월 공제	deduction carried forward	转期扣除	繰越	khấu trừ chuyển tiếp
9	이익 잉여금	retained earnings	剩余利益	利益剰餘金	lợi nhuận thặng dư
10	익금 산입	inclusion in gross revenue	计入收益	益金算入	bao gồm doanh thu gộp
11	인적 공제	personal exemption	个人免税	人的控除	mức miễn thuế cá nhân (của thuế thu nhập)
12	인정 과세	estimated taxation	预估税	認定課税	đánh thuế công nhận
13	장부 가액	book value	账面价值	帳簿価値	giá trị sổ sách (book value)
14	재고 자산	inventories	库存资产	在庫資産	hàng tồn kho
15	재화	goods	财货	財貨	hàng hóa
16	조세 감면	tax exemption	税收减免	租税減免	sự miễn thuế
17	주식회사	stock corporation	股份公司	株式会社	công ty cổ phần
18	지급 명세서	a detailed statement of disbursement	付款清单	支給明細書	bản sao kê chi tiết giải ngân
19	직접세	direct tax	直接税	直接税	thuế trực thu
20	질권	pledge	质权	質権	quyền sở hữu tài sản thế chấp

2. 문장 안에서 어떻게 쓰일까요?

1	영업권	• 기업에서의 영업권이란 다른 기업들보다 더 이익을 낼 수 있게 하는 그 기업의 브랜드 가치, 입지 조건, 인력, 고객, 고유 기술 등의 자산을 의미한다.
2	예정 신고	• 국세청은 납세 기간 종료 전에 예정 신고를 하지 않은 경우 가산세를 부과한다.
3	원천 과세	• 급여에 대한 소득은 급여를 지급한 회사에서 원천 과세한다.
4	유동 자산	• 유동 자산은 1년 안에 현금으로 바꿀 수 있는 자산으로, 예금, 주식, 상품, 원재료 등이 해당된다.
5	유상 증자	• 그 백화점은 일반 주주를 대상으로 유상 증자를 하는 데에 성공함으로써 자본금을 늘릴 수 있게 되었다.
6	유증	• 유증이란 유언을 통해 자신의 유산을 다른 사람에게 물려주는 것을 말한다.
7	의제 배당	• 의제 배당은 형식상 배당은 아니지만 실제로는 주주에게 배당과 비슷한 이익이 돌아가므로 세금을 부과한다.
8	이월 공제	• 그해 세금 공제를 받지 못한 경우에는 다음 해에 이월 공제를 해 준다.
9	이익 잉여금	• 기업은 보통 사업 성과로 발생한 이익 잉여금을 일정한 기준에 따라 주주에게 분배한다.
10	익금 산입	• 일반적으로 항공사는 비행기표를 구입한 미탑승자가 환급해 가지 않은 돈을 항공사의 수입으로 익금 산입을 해야 한다.
11	인적 공제	• 인적 공제란 소득세를 공제받을 때 조건에 해당하는 부양가족의 수만큼 세금을 공제해 주는 것을 말한다.
12	인정 과세	• 인정 과세는 납세자가 신고를 안 하거나 정직하게 신고하지 않았다고 정부가 판단할 때 과세하는 방법이다.
13	장부 가액	• 기업의 현재 자산이 장부 가액과 차이가 클 경우에는 자산을 재평가할 수 있다.
14	재고 자산	• 기업이 가지고 있는 재고 자산에는 상품, 제품, 반제품, 원재료, 소모품 등이 포함된다.
15	재화	• 경제란 우리 생활에 필요한 재화를 생산, 분배, 소비하는 모든 활동을 말한다.
16	조세 감면	• 정부는 중소기업 육성이나 기술 개발 촉진, 지방 경제 활성화, 근로자의 복지 정책 등을 위해 조세 감면, 세금 면제 또는 비과세를 한다.
17	주식회사	• 한국 기업의 90% 이상은 주식의 발행을 통해 설립되는 주식회사의 형태를 띠고 있다.
18	지급 명세서	• 월급 지급 명세서에는 기본 급여와 상여금, 퇴직금, 각종 수당 및 소득세, 주민세, 4대 보험 등 공제 금액이 모두 나타나 있다.
19	직접세	• 소득세, 법인세, 상속세, 증여세, 재산세 등의 직접세는 간접세와 다르게 납세 의무자와 실제 납부자가 동일하다
20	질권	• 그 기업의 대표는 거래처 사장이 약속 기일까지 돈을 갚지 않자 그 회사 물품과 주식으로 우선 변제를 받을 수 있는 질권을 요청했다.

3. 알맞은 어휘는 무엇일까요?

1) 다음 초성으로 된 어휘를 사용해서 문장을 완성하세요.

가	ㅈㅅ ㄱㅁ	이번 산불로 인해 경제적 손실을 입은 지역 주민들에게 정부에서는 ( )을/를 해 주기로 했다.
나	ㅇㅈ ㅅㄱ	그 기업은 국세청에 ( )을/를 하지 않아 10%의 가산세를 내게 되었다.
다	ㅈㅈㅅ	주민세, 재산세 등은 납세 의무자가 직접 세금을 내야 하는 ( )에 해당한다.

2) 다음 어휘의 알맞은 의미를 연결하세요.

가. 영업권 • • ① 세금을 소득자에게 종합적으로 부과하지 않고 소득이나 수입을 지급하는 직장 등에서 개별적으로 부과하는 방법
나. 원천 과세 • • ② 기업이 동종 기업에 비해 더 많은 수익을 얻을 수 있도록 하는 자산을 말함
다. 질권 • • ③ 기록되어 있는 자산, 부채, 자본 등의 가격을 말함
라. 인적 공제 • • ④ 소득세법에서 배우자, 부양가족, 장애인 등에 대한 일정 부분을 세금에서 제외하는 것
마. 장부 가액 • • ⑤ 돈을 빌린 사람이 가지고 있는 담보물로 빚을 대신 받아 낼 수 있는 권리

3) 다음 〈보기〉에서 알맞은 어휘를 찾아 문장을 완성하세요.

보기

주식회사 유증 지급 명세서 재고 자산 이월 공제

가. 금융 업체는 이자와 배당 소득에 관한 ( )을/를 국세청에 제출해야 한다.
나. 유산을 포기하거나 유산 받을 사람이 죽은 경우에 다른 사람에게 ( )을/를 하는 경우도 있다.
다. 이번 달에 우리 회사가 판매할 목적으로 가지고 있는 ( )은/는 총 100만 달러이다.

정답

1) 가. 조세 감면 나. 예정 신고 다. 직접세
2) 가. ② 나. ① 다. ⑤ 라. ④ 마. ③
3) 가. 지급 명세서 나. 유증 다. 재고 자산

4주차 5일차 4장 금융, 회계, 세무

1. 어떤 어휘가 있을까요?

	어휘	영어	중국어	일본어	베트남어
1	징수 유예	reprieve of collection	缓期征收	徴収猶予	hoãn thu thuế, gia hạn kỳ thu thuế
2	차입금	borrowing	借款	借入金	tiền vay, tiền vay mượn
3	참가 압류	participation in attachment	参与扣押	参加差押	sự tham gia thu giữ
4	청구권	right of appeal	要求权	請求権	quyền thỉnh cầu, quyền yêu cầu
5	청산	liquidation	清算	清算	sự thanh toán
6	체납	disposition for failure in tax payment	滞纳	滞納	sự nộp chậm
7	초과 누진 세율	progressive tax rate	超额累计税率	超過累進税率	tỷ lệ thuế lũy tiến vượt mức
8	추징세	penalty tax	追缴税	追徴税	thuế bổ sung
9	출자 전환	financing conversion	债换股	デットエクイティスワップ	chuyển đổi vốn
10	충당금	provisions	储备金	充当金	tiền dự phòng chi phí
11	파산	bankruptcy	破产	破産	sự phá sản
12	평가 손익	valuation gains and losses	估价损益	評価損益	khoản lời hoặc lỗ chênh lệch sau định giá
13	포괄 손익	comprehensive income	综合收益	包括的利益	thu nhập toàn diện
14	표준 세액 공제	standard tax credit	标准税额抵扣	標準税額控除	khấu trừ số tiền thuế tiêu chuẩn
15	표준 세율	standard tax rate	标准税率	標準税率	mức thuế tiêu chuẩn
16	합자 회사	limited partnership	合资公司	合資会社	doanh nghiệp hợp danh
17	확정 신고	final tax return	确定申报	確定申告	tờ khai thuế cuối cùng
18	환급	refund	退	還給	sự hoàn trả
19	환어음	bill of exchange	汇票,汇兑票据	為替手形	hối phiếu
20	회계	accounting	会计	会計	kế toán

2. 문장 안에서 어떻게 쓰일까요?

1	징수 유예	• 태풍, 지진 등으로 재산상의 손실을 입거나 사업상 위기에 처해 있어 세금을 내기 어려울 때에는 징수 유예를 신청할 수 있다.
2	차입금	• 차입금이란 기업을 경영하기 위해 개인이나 은행으로부터 돈을 빌리는 것을 말한다.
3	참가 압류	• 검찰이 수년간 세금을 내지 않은 유명 인사의 자택을 압수 수색해 고가의 그림과 도자기, 불상 등을 압류하자 시에서도 참가 압류 통지서를 검찰 측에 보냈다.
4	청구권	• 청구권이란 국민의 권리가 침해되었을 때 국가에 대해 요구를 할 수 있는 권리를 말한다.
5	청산	• 그 사람은 친구에게서 빌린 돈뿐만 아니라 은행에서 빌린 돈까지 모두 갚아서 채무 관계를 청산했다.
6	체납	• 국세청은 세금을 기한까지 내지 않은 고액 체납자의 명단을 공개했는데, 그 중에는 고소득 사업가와 유명 연예인들이 포함되어 있었다.
7	초과 누진 세율	• 정부는 과세 표준의 금액을 단계로 구분해 단계가 높아질수록 세율이 높아지는 초과 누진 세율을 적용하기로 했다.
8	추징세	• 추징세란 세금을 적게 냈을 때 그 부족한 부분에 대해 부과하는 세금을 말한다.
9	출자 전환	• 기업의 빚을 주식 등의 자본으로 바꿔 주는 것을 출자 전환이라고 하는데, 이는 기업의 재무 상태를 개선하기 위한 방법 중 하나이다.
10	충당금	• 충당금이란 나중에 지출될 것을 예상하여 미리 설정해 두는 돈을 말하는데, 이 중 어떤 손실에 대비하여 적립해 둔 것을 대손 충당금이라고 한다.
11	파산	• 경제 사정이 안 좋아지면 기업뿐 아니라 개인도 재정적으로 파산할 수 있다.
12	평가 손익	• 평가 손익은 평가 손실과 평가 이익으로 나뉘는데, 재산의 평가 금액과 장부 가격의 차이로 생기는 손실이나 이익을 말한다.
13	포괄 손익	• 포괄 손익 계산서를 보면 1년 동안 기업이 달성한 경영 성과를 알 수 있다.
14	표준 세액 공제	• 연말 정산을 할 때 공제받을 세액이 없는 근로 소득자는 표준 세액 공제를 신청하면 세액을 공제받을 수 있다.
15	표준 세율	• 표준 세율은 지방세에 적용하는 세율인데 특별한 사유가 있는 경우에는 세율을 다르게 적용할 수 있다.
16	합자 회사	• 합자 회사는 두 사람 또는 두 기관 이상이 자본을 투자하여 회사의 이익을 나누어 가지는 형태의 회사를 말한다.
17	확정 신고	• 세금 납부자는 과세 기간 종료 후에 성립된 소득과 세액에 대해서는 일정 기간 안에 세무서에 확정 신고를 해야 한다.
18	환급	• 근로 소득자가 과잉 납부된 세금에 대해 환급을 받으려면 연말 정산 시 세금 공제 항목에 대한 증빙 자료를 제출해야 한다.
19	환어음	• 환어음은 물건을 판매하는 사람이 물건을 산 사람에게 물건 값을 제3자에게 지급하라고 발행한 유가 증권이다.
20	회계	• 금융감독원은 회계 부정의 감시 기능을 강화하기 위해, 재무제표 심사에서 부정이 적발된 기업의 경우 강력하게 조치하기로 했다.

3. 알맞은 어휘는 무엇일까요?

1) 다음 초성으로 된 어휘를 사용해서 문장을 완성하세요.

가	ㅎㅈ ㅅㄱ	5월은 개인 종합 소득세 (　　　)의 달이므로, 납세자는 5월 중 국세청 홈택스에서 종합 소득세 신고 및 납부를 해야 한다.
나	ㅎㅈ ㅎㅅ	그 회사는 아시아뿐만 아니라 유럽, 아프리카 등에도 진출하여 해외 기업과 (　　　)을/를 설립하기로 하였다.
다	ㅈㅅ ㅇㅇ	우리 시에서는 이번에 발생한 화재로 큰 피해를 입은 시장 상인들에게 재산세 (　　　)을/를 해 주는 것은 물론이고, 주민세 신고 납부 기한을 연장해 주기로 했다.

2) 다음 어휘의 알맞은 의미를 연결하세요.

가. 체납 •
나. 참가 압류 •
다. 회계 •
라. 출자 전환 •
마. 표준 세율 •

• ① 세무서에서 압류하려는 재산을 이미 다른 기관에서 압류한 경우 그 기관에 참가 압류 통지서를 보내 압류에 참가하는 것
• ② 세금 등을 정해진 기한까지 납부하지 않아 밀림
• ③ 개인이나 기업의 경제 활동을 계산하고 기록한 것을 말함
• ④ 지방세를 부과할 때 일반적으로 적용하는 세율
• ⑤ 기업이 금융 기관에 부채가 있는 경우 금융 기관이 그 기업의 빚을 주식으로 바꾸는 일을 말함

3) 다음 〈보기〉에서 알맞은 어휘를 찾아 문장을 완성하세요.

보기

환어음	회계	환급	파산	차입금

가. 불황이 계속되자 은행에서 대출을 받는 회사가 증가하고 있어 정부는 (　　　)의 금리를 낮추는 방안을 모색하고 있다.
나. 그 회사는 경기 침체로 수출이 줄어 회사의 재정 상황이 악화되자 결국 (　　　) 절차에 들어갔다.
다. 경차 유류세 (　　　)은/는 경차 소유자가 사용한 연료비에 대해 일정 부분을 돌려받을 수 있도록 하는 제도이다.

정답
1) 가. 확정 신고　나. 합자 회사　다. 징수 유예
2) 가. ②　나. ①　다. ③　라. ⑤　마. ④
3) 가. 차입금　나. 파산　다. 환급

4. 다음 글을 읽어 볼까요?

'금리 인하 요구권' 신청 자격 및 신청 방법

현재의 대출 상태를 유지하면서 이자를 낮출 수 있는 '금리 인하 요구권'에 대한 금융 소비자들의 관심이 커지고 있다.

'금리 인하 요구권'은 대출해 준 금융 회사에 금리를 낮춰 달라고 요구할 수 있는 권리인데, 은행법에도 보장되어 있어서 이자 부담이 높을 때 활용할 수 있다. 최근 금융 당국도 금리 인하 요구권 활성화를 통해 채무자들의 이자 부담을 줄일 수 있는 방안을 적극적으로 모색하고 있다.

금리 인하 요구권을 신청하려면 우선 대출 당시보다 현재 돈을 갚을 수 있는 능력이 좋아졌다는 점을 입증해야 한다. 이를 입증하기 위한 서류로 은행권에서는 취업, 승진, 이직, 전문 자격증 취득 관련 서류 등을 요구하고 있다. 또 신용 평가 회사의 개인 신용 평점이 높아졌을 때도 금리 인하 요구권을 신청할 수 있다.

신청 방법은 간단하다. 먼저 대출을 한 금융사의 영업점 또는 인터넷 홈페이지를 방문하여 '금리 인하 신청서', '재직 증명서', '근로 소득 원천 징수 영수증' 및 신용 상태가 개선되었다는 것을 증명할 수 있는 자료 등을 제출하면 된다. 제출 후 10일 안에 금융사로부터 전화나 서면, 문자 메시지, 이메일 등으로 신청 결과를 안내받을 수 있다.

1) 위의 내용과 같으면 O, 다르면 X 하세요.

가. '금리 인하 요구권'은 채무자가 빌린 대출금을 깎아 주는 제도이다. (　　)

나. 승진을 해서 연봉이 올랐다면 '금리 인하 요구권'을 신청할 수 있다. (　　)

다. '금리 인하 요구권'을 신청한 후에 결과를 확인하려면 은행을 방문해야 한다. (　　)

2) '금리 인하 요구권' 외에 대출 금리를 낮추는 방법에는 어떤 것이 있는지 찾아보세요.

정답

1) 가. X　나. O　다. X

2) 정부 지원 서민 대출 등으로 대환 대출

핵심 요약

[금리 인하 요구권 신청 자격 요건]

대출 당시보다 현재 돈을 갚을 수 있는 능력이 좋아짐
- 취업, 승진, 이직, 전문 자격증 취득, 개인 신용 평점 상승

[금리 인하 요구권 신청 방법]

대출 금융사의 영업점 또는 인터넷 홈페이지를 방문하여 '금리 인하 신청서', '재직 증명서', '근로 소득 원천 징수 영수증' 및 신용 상태 개선 증빙 자료 제출

MEMO

4주차 | 6일차 4장 금융, 회계, 세무

더 배워 볼까요?

알아 놓으면 유용한 세금의 종류

1. 국세: 중앙 정부에 내는 세금

- 관세: 수입품에 부과하는 세금
- 내국세: 보통세와 목적세로 나누어 부과

★ 내국세의 종류

보통세	직접세	소득세, 법인세, 종합 부동산세, 상속세, 증여세
	간접세	부가 가치세, 개별 소비세, 주세, 인지세, 증권 거래세
목적세	교육세, 교통 · 에너지 · 환경세	

2. 지방세: 지방 자치 단체에 내는 세금

★ 지방세의 종류

도세	보통세	취득세, 등록 면허세, 레저세, 지방 소비세
	목적세	지방 교육세, 지역 자원 시설세
시 · 군세	담배 소비세, 주민세, 지방 소득세, 재산세, 자동차세	

3. 일상생활 속에서 우리가 내는 세금의 종류

세금의 종류	주요 납세자	특징
소득세	가게 운영 사업자	각 개인이 한 해 동안 벌어들인 소득에 따라 내는 세금
부가 가치세	구매 소비자	음료수, 빵 등의 물건 가격이나 영화 관람료와 같은 서비스 가격에 포함되어 있는 세금
법인세	법인 기업	주식회사와 같은 법인 기업의 소득에 대해 내는 세금
근로 소득세	사업체 직원	회사로부터 월급을 받고 내는 세금
기타 세금	– 상속세: 돌아가신 부모님 등으로부터 재산을 물려받을 때 내는 세금 – 증여세: 부모님이나 친척 등으로부터 증여에 의해 재산을 물려받을 때 내는 세금 – 개별 소비세: 보석이나 자동차 등을 살 때 내는 세금 – 주세: 술값에 포함되어 있는 세금 – 교육세: 교육의 발전을 위해 내는 세금 – 농어촌 특별세: 농어업의 발전을 위해 내는 세금	

저자 소개

이영숙
상명대학교(학사, 석사, 박사)
국어교육 및 한국어학 전공
전 연세대학교 한국어학당 강사
한양대학교 국제교육원 명예교수
한양사이버대학교 한국어교육·문화콘텐츠학과 겸임교수

이소연
부산대학교(석사), 부경대학교(박사)
국어국문학과 한국어문화교육 전공
전 동아대학교 한국어 강사
부경대학교 국제교류본부 한국어학당 강사, 부경대학교 강사

김천미
한국외국어대학교(학사, 석사)
외국어로서 한국어교육 전공
전 연세대학교 한국어학당 강사
미국 뉴욕대학교(NYU) Clinical Associate Professor

권미경
연세대학교(학사, 석사), 동아대학교(박사)
교육학 전공
전 연세대학교 한국어학당 강사
전 동국대학교 국제어학원 부주임 강사
동국대학교 강사

외국인을 위한

대학 전공 한국어 어휘 찾기 1

경영, 경제 / 무역 / 관광, 호텔, 부동산 / 금융, 회계, 세무

초판 1쇄 인쇄 / 2023년 7월 5일
초판 1쇄 발행 / 2023년 7월 10일

•

공저자 / 이영숙 · 이소연 · 김천미 · 권미경
발행인 / 이 중 수
발행처 / **동 문 사**

•

서울특별시 서대문구 홍제원 1길 12
(홍제동 137-8)
Tel : 02)736-3718(대), 736-3710, 3720
Fax : 02)736-3719
등록번호 : 1974.04.27. 제9-17호
가격 : 16,000원

•

ISBN : 979-11-6328-526-7(03710)
E-mail : dong736@naver.com
www.dongmunsa.com